<table>
<tr>
<td>

Bedürf-nis

</td>
<td>+
Kauf-kraft</td>
<td>

Bedarf

</td>
<td>+
Kauf-wille</td>
<td>

Nach-frage

</td>
</tr>
<tr>
<td>subjektives Mangel-empfinden mit dem Wunsch, es zu befriedigen</td>
<td></td>
<td>mit Kaufkraft versehenes Bedürfnis</td>
<td></td>
<td>tatsächlicher Kauf am Markt</td>
</tr>
</table>

> **Immer wieder gibt der Mensch Geld aus,**
> **das er nicht hat,**
> **für Dinge, die er nicht braucht,**
> **um damit Leuten zu imponieren, die er nicht mag.**
>
> Danny KAYE (1913 – 1987), US-amerikanischer Schauspieler, Komiker und Sänger

Existenz-bedurfnisse (Primär-bedürfnisse)	gewährleisten ein sicheres Leben, notwendig zum Über-lcbcn z. B.: Nahrung, Wohnung, Kleidung z. B.: nach Katastrophen die wichtigsten Güter (sauberes Trinkwasser, Lebensmittel, Decken, Zelte, Medikamente zur Seuchenbekämpfung)
Kultur-bedürfnisse (Sekundär-bedürfnisse)	Bedürfnisse, die dem Einzelnen (individuell unterschied-lich!) innerhalb einer kulturellen Gemeinschaft (Abend-land, Islam, ...) zugebilligt werden müssen, aber auf-schiebbar und austauschbar sind z. B.: modische Kleidung, Kunstgenuss, Urlaubsreise
Luxus-bedürfnisse (Tertiär-bedürfnisse)	gehen über die Existenz- und Kulturbedürfnisse hinaus z. B.: Porsche, Jacht, Swimmingpool, Champagner, Kaviar, Schmuck

Die Befriedigung der Bedürfnisse ist abhängig von ...

... Höhe des Einkommens und des Vermögens.

... Hobbies, Interessen, Vorlieben, Ansprüchen.

... Erziehung, Bildung, Lebensstil.

... Alter, Erfahrung, Geschlecht.

... Status, Image, sozialem Ansehen, Gruppenzwängen, Sitten, Gebräuchen, Normen, gesellschaftlichem Umfeld, Gewohnheiten.

Individual-bedürfnisse:	Bedürfnisse des Einzelnen. Jeder Mensch hat andere Bedürfnisse, abhängig von Bildung, Erziehung, Herkunft, Beruf, Einkommen, Vermögen, Alter, Geschlecht, Geschmack, Hobbys usw.
Kollektiv-bedürfnisse:	Bedürfnisse der Gesellschaft. Ohne die Befriedigung der Kollektivbedürfnisse funktioniert kein Gemeinschaftsleben. Der Einzelne wäre überfordert. z. B.: Kindergärten, Schulen, Universitäten, Infrastruktur, Gesundheitsversorgung, öffentliche Sicherheit (Polizei, BGS, Zoll, Armee)

materielle Bedürfnisse:	beziehen sich auf Erwerb wirtschaftlicher Güter
immaterielle Bedürfnisse:	Befriedigung im geistigen und religiösen Bereich

Das ökonomische Handeln

1   Die Grundlagen wirtschaftlichen Handelns

1.1   Die Begriffe „Bedürfnis", „Bedarf" und „Nachfrage"

Ursache des Wirtschaftens sind die Wünsche („Bedürfnisse") der Menschen nach (knappen) Gütern und Dienstleistungen.

Zeichnung: Kaze Mitzuki, November 2018

> "Ein jeder Wunsch,
> wenn er erfüllt ist,
> kriegt augenblicklich Junge."
>
> Wilhelm BUSCH (1832 – 1908), humoristischer deutscher Dichter

Der Mensch hat Bedürfnisse (unbegrenzt, unterschiedlich, wandelbar, von verschiedenen Bedingungen abhängig, im Einzelnen mehr oder minder dringlich).

Der US-amerikanischer Psychologe Abraham Harold MASLOW
(1908 – 1970) erstellte eine Bedürfnispyramide:

<table>
<tr><td>1.)</td><td>Mit welchen Mitteln versuchen Industrie und Handel,
Bedürfnisse in Bedarf zu wandeln?</td></tr>
</table>

- Werbung (Aufmerksamkeit, Interesse, Wünsche wecken)
- Verkaufsförderung (Einkaufen reizvoll und bequem machen:
  Kataloge, TV)
- Kreditgewährung (Beschaffung von Zahlungsmitteln erleichtern)

2.) Ordnen Sie selbstgewählte Bedürfnisse sachgerecht in folgende Tabelle ein!

	Individualbedürfnisse	Kollektivbedürfnisse
Existenz-bedürfnisse	essen, trinken, schlafen, sich kleiden	Frieden, lesen, schreiben, soziale Absicherung
Kultur-bedürfnisse	Auto, Fernseher, Radio	Straßen, Rundfunk
Luxus-bedürfnisse	Privatflugzeug, vergoldete Wasserhähne, Jacht	-----

3.) Nennen Sie Beispiele dafür, dass Bedürfnisse ...

a) ... unbegrenzt sind!
b) ... individuell verschieden sind!
c) ... wandelbar sind!
d) ... von verschiedenen Bedingungen abhängig sind!
e) ... im Einzelnen mehr oder minder dringlich sind!

a) ein Leben lang immer neue Bedürfnisse

b) nicht jeder wünscht Tennis-/Skateboard-/Golf-/Segelausrüstung ...

c) Mopedfahrer möchte auf Kleinwagen umsteigen

d) - neue technische Erfindungen
  - Modeströmungen
  - Skifahren setzt Skikurs voraus
  - Autofahren erfordert Führerschein und Einkommen

e) etwas Neues haben wollen, obwohl das Alte noch taugt (z. B. Hemd, Auto, Kühlschrank, Fernseher, Handy)

4.) Erläutern Sie den Begriff Bedürfnisse!

Mangelempfindungen mit dem Wunsch, diese zu befriedigen

5.)	Erläutern Sie am Beispiel Auto, dass dieses unter bestimmten Bedingungen Existenz-, Kultur-, aber auch Luxusbedürfnis sein kann!

Existenzbedürfnis	das Auto des Vertreters
Kulturbedürfnis	Uwe fährt Auto, da alle Freunde ein Auto haben
Luxusbedürfnis	der Porsche oder Ferrari als Drittwagen

6.)	Unterscheiden Sie folgende Bedürfnisse entsprechend ihrer Dringlichkeit in Existenz- (E), in Kultur- (K) oder in Luxusbedürfnisse (L)!

	E	K	L	
das Auto des Schülers			X	Schule kann auch zu Fuß, mit Rad, Bahn, Bus erreicht werden
das Auto des Handelsvertreters	X			- Kunden in kurzer Zeit erreichbar - großer Kundenbezirk - schwerer Musterkoffer
Zigaretten		X	X	Ursache sind Zivilisationsgewohnheiten (Langeweile, Geltungsdrang, Nervosität, Nikotinsucht); ist aber existenzgefährdend
Schönheitsoperation	(X)	X	X	steigert das Lebensgefühl (bei Schauspielern eventuell Existenzfrage)
Theaterbesuch		X		steigert das Lebensgefühl

7.) | Wichtige Kulturbedürfnisse sind Nahrung, Kleidung, Wohnung und Bildung/ Freizeit. Nennen Sie für diese Kulturbedürfnisse jeweils drei Beispiele, auf die Sie in wirtschaftlichen Notsituationen verzichten könnten?

Nahrung:	italienische, griechische, chinesische, ... Küche
Kleidung:	Modekleidung, Schmuck, Markenwaren, ...
Wohnung:	moderne Möbel, Zentralheizung, elektrische Geräte, ...
Bildung/Freizeit:	gehobene Schulbildung, Theater, Konzert, Disko, Reisen

8.) | Nennen Sie Beispiele für Existenzbedürfnisse und für Kultur-/Luxusbedürfnisse ...

a) ... eines Deutschen und eines Inders!
b) ... eines deutschen Arbeiters vor 40 Jahren und heute!
c) ... eines DDR-Bürgers bis 1989 und eines "Ossis" heute!

a) Grundnahrungsmittel (Kartoffeln, Brot, Reis) sind Existenzgüter
Auto, anspruchsvolle Kleidung, Wohnung sind Luxusgüter
jährliche Urlaubsreise ist für viele Deutsche Kulturgut, für Inder noch nicht

b) In den Nachkriegsjahren galten verfeinerte Nahrungsmittel (Fleisch, Wurst, Feingebäck), Plattenspieler, Auto, Flugreisen, weiterführende Schulbildung als Kultur-/Luxusgüter, heute sind dies Existenzgüter.
Viele Güter (Fernseher, Jeans, Ölheizung, Videorecorder, ...) gab es noch nicht, folglich bestanden noch keine diesbezüglichen Bedürfnisse.

c) Reisefreiheit, Pressefreiheit / Arbeitsplatzsicherheit, Lehrstelle

1.2 Der Begriff „Güter"

Güter sind Mittel, die zur Befriedigung menschlicher Bedürfnisse dienen.

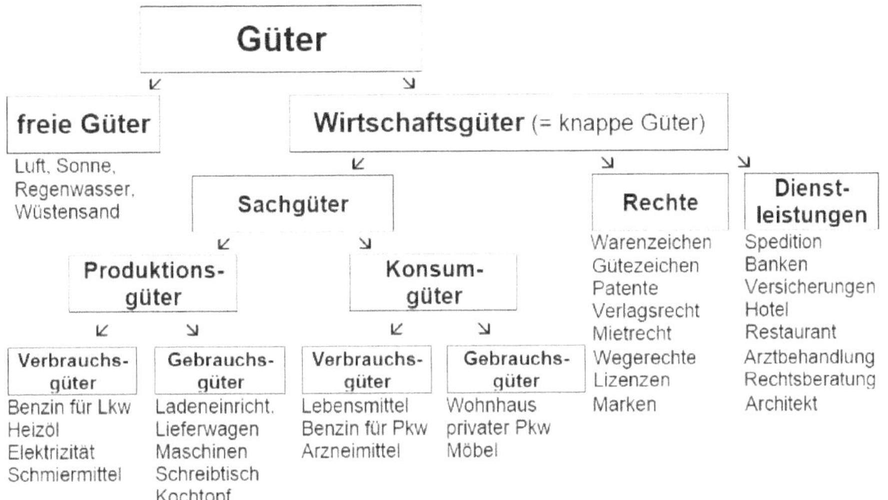

9.) Welche dieser Wirtschaftsgüter sind Sachgüter, Rechte oder Dienstleistungen?

Kartoffeln	S	TÜV-Werkstatt	S
Banküberweisung	D	Öl für Maschine	S
Wolle für Pullover	S	TÜV-Durchsicht	D
Gütezeichen	R	Mietvertrag	R
Kochtopf	S	TÜV-Plakette	R
Tantieme	R	Pullover stricken	D
Patente	R	Auto ölen lassen	D
Bankbeleg	S	Copyright	R
Strickmaschine	S	Lebensversicherung	D
Kartoffeln schälen	D	Rezept für Porzellan	R

10.) | Erläutern Sie den Begriff Güter!

Mittel, die zur Befriedigung menschlicher Bedürfnisse dienen.

11.) | Was versteht man im volkswirtschaftlichen Sinne unter Bedarf? – Bedürfnisse, …

1	… die das Existenzminimum sichern sollen.
2	… die von den individuellen Ansprüchen beeinflusst werden.
3	… denen jeweils ein Angebot gegenübersteht.
4	… für deren Befriedigung Finanzmittel zur Verfügung stehen.
5	… die von der jeweiligen Konjunkturphase abhängig sind.

4

12.) | Ordnen Sie die Wirtschaftsgüter den Güterarten zu!

	Wirtschaftsgüter	Güterarten	
1	Schokolade für die Kekse	Konsumgut als Gebrauchsgut	3
2	Schokolade, die Uwe im Laden kauft	Produktionsgut als Verbrauchsgut	1
3	Schüssel für Kekse und Bonbons	Produktionsgut als Gebrauchsgut	5
4	Patent für eine modernen Maschine	Dienstleistungen	6
5	Maschine zur Eisherstellung	Konsumgut als Verbrauchsgut	2
6	Transport der Kekse zum Laden	Rechte	4

13.) | Unterscheiden Sie die Güterarten nach Verfügbarkeit (a), Verwendungszweck (b) und Nutzungsdauer (c)!

freie Güter (Luft, Sonne, …) und Wirtschaftsgüter	**a**
Konsumgüter und Produktionsgüter	**b**
Gebrauchsgüter und Verbrauchsgüter	**c**

1.3 Das ökonomische Prinzip

Mit den zur Verfügung stehenden finanziellen Mitteln können Bedürfnisse nur teilweise befriedigt werden.
Oder umgekehrt: Man benötigt mehr als die zur Verfügung stehenden Geldmittel, um alle Bedürfnisse zu befriedigen.

Bei der Güterproduktion sind die Güter, mit denen produziert wird, nicht unbegrenzt vorhanden, sie sind knapp. Es muss deshalb eine Art der Produktion gefunden werden, die wirtschaftlich vertretbar ist. Der Mitteleinsatz (Input) und das Produktionsergebnis (Output) müssen ein optimales Verhältnis ergeben.
Der Zwang zur Sparsamkeit beim Einsatz der Produktionsmittel (z. B. Geld, Arbeitskräfte) veranlasst den Menschen, die eingesetzten Mittel so miteinander zu kombinieren, dass das Ergebnis ökonomisch vertretbar ist.

Beispiel:
Für die Herstellung von 2.100 Fischsemmeln waren bisher drei Mitarbeiter eines Catering-Unternehmens jeweils acht Stunden beschäftigt.
Durch einen verbesserten Arbeitsablauf gelingt es dem Catering Unternehmen, mit dem gleichen Personaleinsatz (also: drei Mitarbeiter arbeiten jeweils acht Stunden) die hergestellte Menge auf 2.400 Fischsemmeln zu steigern.
Das Catering-Unternehmen könnte sich aber auch dafür entscheiden, weiterhin 2.100 Fischsemmeln herzustellen. Dabei würden aber bei verbessertem Arbeitsablauf die drei Mitarbeiter „nur" noch jeweils 7 Stunden arbeiten müssen.

Der Forderung nach dem optimalen Verhältnis zwischen Input und Output entsprechen die ökonomischen Prinzipien: das Maximalprinzip und das Minimalprinzip.

> Mit **gegebenem** Mitteleinsatz einen möglichst **großen** Erfolg (maximalen Nutzen) erzielen.

gegebene Mittel   –   höchster Erfolg

Der Mitteleinsatz ist vorgegeben.
z. B.: die Mitarbeiter stellen mehr Fischsemmeln her
z. B.: mit einer bestimmten gegebenen Benzinmenge
eine möglichst weite Strecke (viele Kilometer) fahren

> Einen **bestimmten** Erfolg (ein bestimmtes Ziel) mit möglichst **geringem** (minimalem) Mitteleinsatz erzielen.

bestimmter Erfolg   –   geringste Mittel

Das Ziel ist vorgegeben.
z. B.: die 2.100 Fischsemmeln in kürzerer Zeit herstellen
z. B.: eine gegebene Strecke (Kilometerzahl)
mit möglichst wenig Benzin fahren
z. B.: ein Paket so preiswert wie möglich verschicken

Das ökonomische Prinzip gilt sowohl im privaten als auch im öffentlichen Bereich:

- Der private Verbraucher entscheidet beim Kauf, welche Güter und welche Mengen er konsumiert. Als Mitteleinsatz dient meist Geld.
Ziel ist der durch die erworbenen Güter zu erwartende Nutzen. Wenn diese Kaufentscheidungen gemäß dem ökonomischen Prinzip vorgenommen werden, kommt es zur Nutzenmaximierung.

- Der private Unternehmer versucht, seinen Gewinn zu maximieren.

- Auch der Staat verfügt nur über einen begrenzten Mitteleinsatz und sollte seine Handlungen am ökonomischen Prinzip orientieren.
Ziel ist die Maximierung des Allgemeinwohls.

2 Die Marktstrukturen und das Verhalten der Marktteilnehmer

2.1 Der Markt als Treffpunkt von Angebot und Nachfrage

> Ein Markt ist der Treffpunkt von Angebot und Nachfrage (Kauf und Verkauf), von Anbietern und Nachfragern (Käufer und Verkäufer).

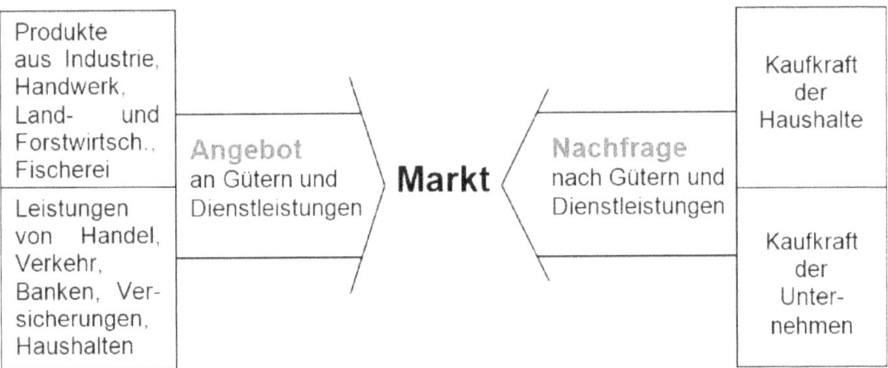

Marktfunktionen:

Versorgung: bestmögliche Versorgung der Menschen mit Gütern und Dienstleistungen

Koordination: Güternachfrage und -angebot müssen sich finden und abgestimmt werden

Preisbildung: Tauschwünsche sollen sich in Art und Menge entsprechen → Marktpreis wirkt regulierend

Verteilung: Verteilen der Güter → Nachfrage, Angebot und Preis stehen in vielfältigen Wechselbeziehungen, was sich auch auf die mögliche Verteilung der Güter auswirkt

Funktionsunfähige Märkte gibt es bei Nachfrageüberhang, bei Angebotsüberhang oder bei fehlendem Preisausgleich.

14.) | Erläutern Sie den Begriff Nachfrageüberhang!

Bei gegebenem Preis kann die Nachfrage nur teilweise befriedigt
werden.
z. B.: für bestimmte Pkw-Modelle ist die Nachfrage zeitweilig so
groß, dass die produzierte Menge nicht ausreicht

15.) | Erläutern Sie den Begriff Angebotsüberhang!

Bei gegebenem Preis kann das Angebot nur teilweise abgesetzt
werden.
z. B.: die Wintersportartikel können aufgrund der milden Witterung
nur teilweise abgesetzt werden

16.) | Erläutern Sie den Begriff kein Preisausgleich!

Für den Anbieter ist ein fester Angebotspreis vorgeschrieben oder
die verlangten Preise sind für die Verbraucher zu hoch.
z. B.: für einzelne Berufsgruppen gelten feste Honorarsätze
- Honorarordnung für Architekten und Ingenieure (HOAI),
- Rechtsanwaltsgebührenordnung (BRAGO),
- Gebührenordnung für Ärzte (GOÄ),
- Gebührenordnung für Zahnärzte (GOZ).

17.) | Kreuzen Sie für die folgenden Beispiele an, wenn es sich
um einen funktions<u>un</u>fähigen Markt handelt!

Angebotsüberhang	X	kein Preisausgleich	X
Nachfrageüberhang	X	Preisausgleich	

Witz: Es ist Sabbat. Ein jüdischer Händler bietet auf der Straße eine Hose zum Kauf an: „Seht diese wunderschöne Hose! Zum halben Preis gehört sie Euch!" – Ein strenggläubiger Jude kommt vorbei: „Schämt Ihr Euch nicht, am Sabbat Geschäfte zu machen?" – Entrüstet ruft der Händler: „Ich biete die Hose zum halben Preis an, und der nennt das Geschäft!"

2.2   Die Marktarten

Märkte lassen sich nach verschiedenen Kriterien unterteilen:

a)   Unterteilung der Märkte nach dem Gegenstand (der Sache)

- Konsumgütermarkt (Warenmarkt): Handel mit Gütern für den Endverbraucher, z. B. Lebensmittel, Fernsehgeräte

Eine weitere Unterteilung des Konsumgütermarktes in die beiden Teilmärkte Gebrauchs- und Verbrauchsgütermarkt ist möglich. Der Gebrauchsgütermarkt könnte u. a. in einen Pkw-Markt (oder einen Lkw-Markt) und dieser wiederum in einen Markt für Kleinwagen, einen Markt für Mittelklassewagen und einen Markt für Luxuswagen, aber auch in einen Markt für Neuwagen und einen Markt für Gebrauchtwagen unterteilt werden.

- Investitionsgütermarkt: Handel mit Gütern, die zur Herstellung von anderen Gütern dienen, z. B. Maschinen

- Geldmarkt: Bereitstellen von kurzfristigen Krediten durch Banken/ Sparkassen und Private

- Kapitalmarkt: Bereitstellen von langfristigen Krediten durch Banken/ Sparkassen und Privaten

- Arbeitsmarkt: die menschliche Arbeitskraft wird angeboten und nachgefragt

- Immobilienmarkt: Handel mit Grundstücken und Gebäuden

- Devisenmarkt: Handel mit ausländischen Währungen (Devisen)

- Dienstleistungsmarkt: z. B. Friseur, Taxi, Unterhaltung

- Spezialmarkt: Handel nur mit bestimmten Erzeugnissen (Viehmarkt, Gemüsemarkt, Fischmarkt, Blumenmarkt, ...)

- sonstige Märkte: Handel mit Rohstoffen, Gebrauchtwagen, Kunstgegenständen

b)   Gliederung der Märkte nach dem Raum
- Welt
- EU
- Bundesrepublik Deutschland

-   Sachsen
-   Bezirk Dresden
-   Gemeinde (Stadt Dresden)

c)   Gliederung der Märkte nach der Funktion
-   Beschaffungsmärkte (Importmarkt, Binnenmarkt)
-   Absatzmärkte (Exportmarkt, Binnenmarkt)

d)   Gliederung der Märkte nach der Zeit
-   Tagesmarkt
-   Wochenmarkt (z. B. freitags in der Lingner-Allee)
-   Jahrmarkt (Ostermarkt, Martini-Markt, Weihnachtsmarkt, Herbstmarkt, Frühlingsmarkt, ...)
-   Markt 2003

So viel verdient die Stadt mit den Märkten

Ab 2020 soll es zwei neue Angebote in der Stadt geben. Welche jetzt die beliebtesten sind und welche nicht.

VON JULIA VOLLMER

Zehn Wochenmärkte gibt es derzeit in Dresden – und es sollen mehr werden. Ab 2020 sind auf dem Wasaplatz und auf dem Bonischplatz zwei weitere geplant. Wer dort etwas verkaufen möchte, muss eine Standgebühr bezahlen. Das sind 1,90 Euro pro Quadratmeter auf der Lingnerallee, am Münchner Platz, am Schillerplatz und auf der Kopernikusstraße in Prohlis. 1,52 Euro pro Quadratmeter werden auf dem Alaunplatz, an der Reißigerstraße, der Stralsunder Straße, in Hellerau und auf der Königstraße fällig. Die Stadt nimmt pro Jahr etwa 122 000 Euro netto mit dem Lingnermarkt ein und noch mal 129 000 Euro jährlich für die übrigen, sagt das Amt für Wirtschaftsförderung.

Die drei beliebtesten Märkte bei den Dresdnern sind die am Schillerplatz, Münchner Platz und der Lingnerallee. Dabei hat laut Stadt der Lingnermarkt mit Abstand die meisten Besucher. Schlusslicht aller Dresdner Märkte ist der auf der Reißigerstraße.

Die begehrtesten bei den Besuchern, sind es auch bei den Händlern gefragt. Wartelisten gibt es für den Schillerplatz und den Münchner Platz, die meisten Tageshändler wollen auf die Lingnerallee.

Rund 80 Prozent der Händler verkaufen auf mehreren Marktplätzen in Dresden in der Woche. Über 90 Prozent bieten ihre Ware an mehreren Standorten an, wenn man das Umland von Dresden dazunimmt.

Neben dem Lingnermarkt zieht vor aller der am Schillerplatz die Besucher an. Er liegt mitten im Stadtteilzentrum von Blasewitz mit seinen vielseitigen Einkaufs- und Einkehrstätten. Auf dem früheren Dorfplatz wurde schon immer gehandelt. Besonders wegen der vielfältigen Frischeprodukte ist der Schillerplatz-Wochenmarkt beliebt. Die Händler bauen dienstags, donnerstags und samstags ihre Stände auf. Eine Zentralhaltestelle für Bus und Bahn befindet sich direkt am Schillerplatz, damit kommen auch die Dresdner ohne Auto bequem zum Einkaufen dort hin.

aus: „Sächsische Zeitung" vom 13. Dezember 2018

e)   Gliederung der Märkte nach der Organisation
-   organisierte Märkte (Wochenmärkte, Messen, Börsen, Versteigerung, Ausstellung, ...)
-   nicht organisierte Märkte (zufälliges Zusammentreffen von Käufern und Verkäufern)

18.) Ergänzen Sie die fehlenden Begriffe in der Tabelle!

Art des Marktes	Handelsgegenstand
Kapitalmarkt	langfristige Kredite
Arbeitsmarkt	**Arbeitskraft**
Konsumgüter-markt	**Güter für den Endverbraucher**
Geldmarkt	kurzfristige Kredite
Devisenmarkt	**ausländische Währungen (Devisen)**
Immobilienmarkt	**Grundstücke und Gebäude**

19.) Welche der folgenden Märkte sind organisierte Märkte (1) und welche nicht organisierte Märkte (2)?

die Buchmesse im Rahmen der Leipziger Messe	**1**
die Börse in Frankfurt am Main	**1**
Frau Müller kauft ein Brot beim Bäcker.	**2**

20.) Nach welchem dominierenden Kriterium (Funktion, Gegenstand, Organisation, Raum, Zeit) werden die folgenden Märkte jeweils unterteilt?

der Absatzmarkt	**Funktion**
die Buchmesse im Rahmen der Leipziger Messe	**Organisation**
der EU-Markt	**Raum**
der Markt für Sportwagen	**Gegenstand**
der Arbeitsmarkt	**Gegenstand**
der Freitagsmarkt in der Lingner-Allee	**Zeit**

2.3 <u>Die Marktformen</u>

Alle Märkte werden nach der Anzahl der Marktteilnehmer (Anbieter und Nachfrager) unterschieden.
Je nachdem, wie viele (ein, wenige oder viele) Anbieter und Nachfrager am Markt teilnehmen, unterscheidet man neun verschiedene Marktformen:

	ein Nachfrager	wenige Nachfrager	viele Nachfrager
ein Anbieter	zweiseitiges Monopol	beschränktes Angebots-monopol	Angebots-monopol
wenige Anbieter	beschränktes Nachfrage-monopol	zweiseitiges Oligopol	Angebots-oligopol
viele Anbieter	Nachfrage-monopol (Monopson)	Nachfrage-oligopol (Oligopson)	zweiseitiges Polypol

Anmerkungen: - griechisch „polys" = dt. „viele"
- griechisch „monos" = dt. „einer allein"
- griechisch „oligoi" = dt. „wenige"

Polypol

Auf dem Markt treffen viele Nachfrager ( ) und viele Anbieter ( ) aufeinander.

Keiner der Marktteilnehmer ist groß genug, um den Marktpreis zu beeinflussen.

z. B.: Käufer/Verkäufer bei ebay

z. B.: Käufer/Verkäufer am Aktienmarkt

z. B.: Einzelhandel in Großstädten

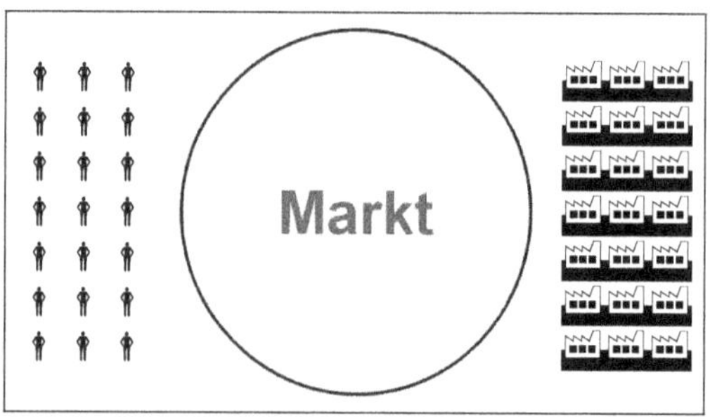

Auf dem Markt treffen viele Nachfrager (♦) und wenige Anbieter (🏭) aufeinander.

z. B.: Automarkt, Benzinmarkt, Kaviar, Safran, Supreme

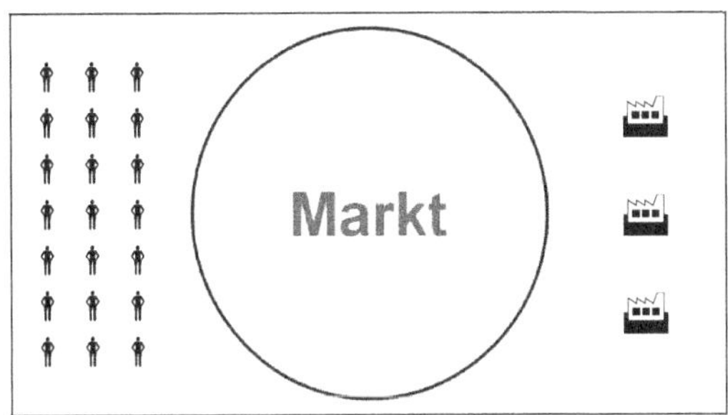

Eine spezielle Variante des Oligopols ist das Duopol (auch: Dyopol), bei dem viele Nachfrager zwei Anbietern gegenüberstehen. Dadurch besteht die Gefahr illegaler Preis- und Mengenabsprachen.

z. B.: das Duopol für Großraumpassagierflugzeuge (Airbus und Boeing)

z. B.: das Duopol auf dem Mobilfunkmarkt in Deutschland Anfang der 1990er Jahre (T-D1/heute: T-Mobile und Mannesmann D2/heute: Vodafone D2)

z. B.: das Duopol bei Kreditkartensystemen in Europa (Mastercard und VISA)

z. B.: das Duopol auf dem Markt für Tütensuppen (Maggi und Knorr)

z. B.: das Duopol auf dem Markt für leitungsgebundenen Internetzugang (Telekom und der jeweilige örtliche Kabelnetzanbieter)

z. B.: das Duopol in der Politik in den USA (Republikaner und Demokraten sind die einzigen bedeutsamen Parteien) und in Deutschland (CDU/CSU und SPD waren jahrzehntelang die einzigen Volksparteien)

Auf dem Markt treffen viele Nachfrager (♦) und ein Anbieter (🏭) aufeinander.

z. B.: die Bahn AG hat viele Nutzer

z. B.: das Wasserwerk

z. B.: die Dt. Bundespost

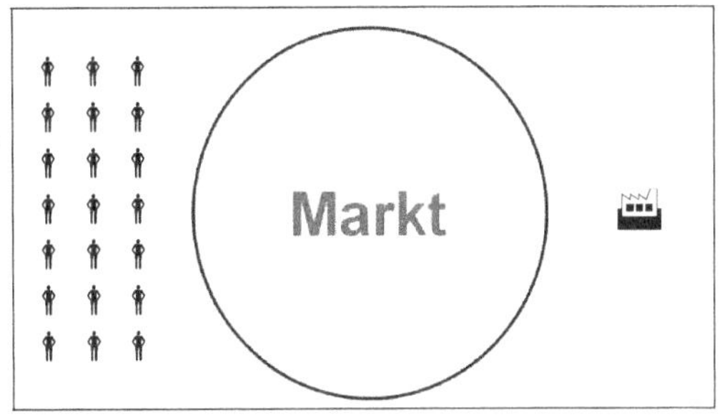

Nachfrageoligopol

Auf dem Markt treffen wenige Nachfrager (🛉) und viele Anbieter (🏭) aufeinander.

z. B.: viele Landwirte und
wenige Molkereien

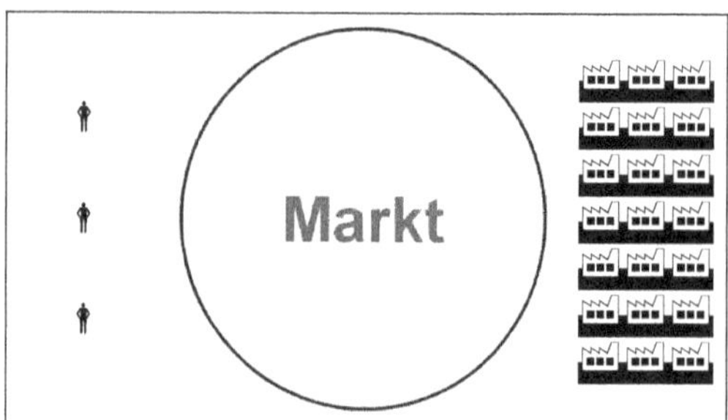

Zweiseitiges Oligopol

Auf dem Markt treffen wenige Nachfrager (🛉) und wenige Anbieter (🏭) aufeinander.

z. B.: wenige Werften bauen
Schiffe für wenige
Reedereien

Beschränktes Angebotsmonopol

Auf dem Markt treffen wenige Nachfrager (🛉) und ein Anbieter (🏭) aufeinander.

z. B.: Hersteller eines Spezial-
gerätes für Labore

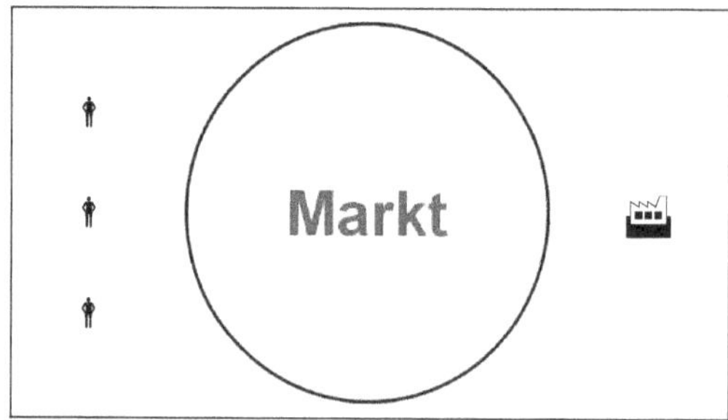

Nachfragemonopol

Auf dem Markt treffen ein Nachfrager (🛉) und viele Anbieter (🏭) aufeinander.

z. B.: Sachsenmilch und die
Milchbauern in Sachsen

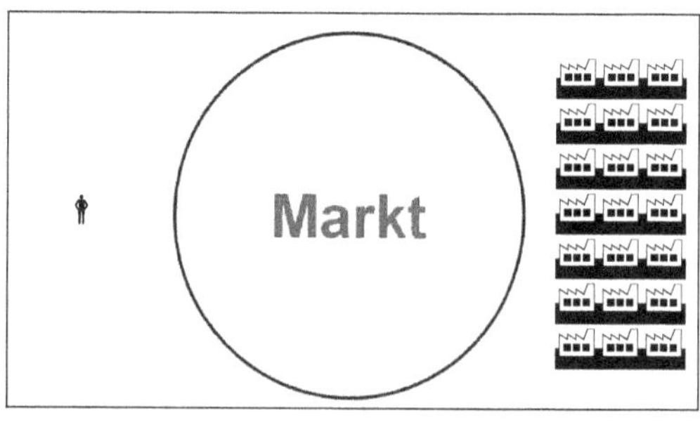

Auf dem Markt treffen ein
Nachfrager (⋔) und wenige
Anbieter (🏭) aufeinander.

z. B.: Bundeswehr als
        Nachfrager für Panzer

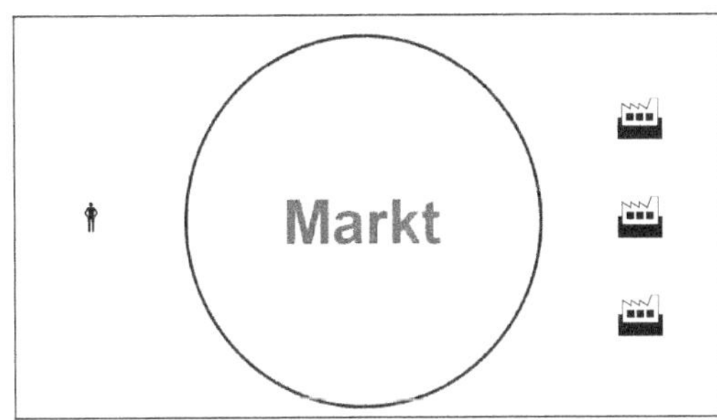

Auf dem Markt treffen ein
Nachfrager (⋔) und ein Anbieter
(🏭) aufeinander.

z. B.: einziger Hersteller eines
        Ersatzteils und die VW
        AG

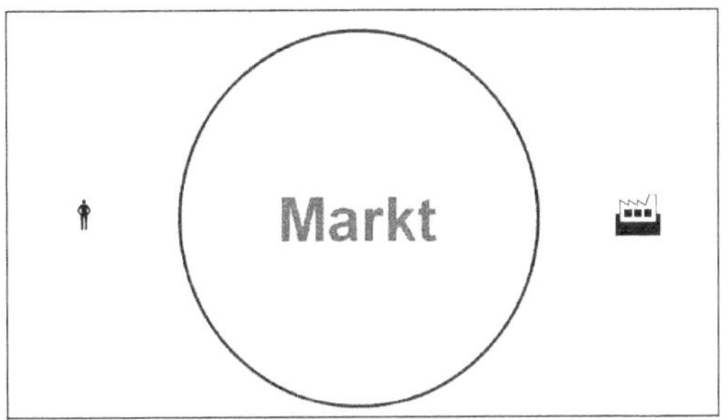

Verkäufermärkte vs. Käufermärkte:

In den Nachkriegsjahren lagen sog. Verkäufermärkte vor. Es
herrschte auf dem Markt großer Gütermangel. Deshalb hatten
die Anbieter eine starke Stellung gegenüber den Nachfragern
(Verbraucher, Käufern, Kunden). Selbst bei ungünstigem Preis,
geringer Qualität und schlechtem Service hatten die Anbieter
keine Absatzsorgen.
Auf den in der heutigen Zeit existierenden Käufermärkten
bieten die Verkäufer (Anbieter) eine Fülle von Gütern aller Art
auf dem Markt an. Die Verbraucher sind meist sehr preis- und
qualitätsbewusst, erwarten hohe Lieferbereitschaft, hohen
Service, eine große Auswahl aus einem variantenreichen und
aktuellem Produktangebot. Die Nachfrage ändert sich schnell.
Die Anbieter müssen deshalb systematisch Absatzmöglich-
keiten aufspüren sowie die betriebliche Produktion, Beschaffung, Personalplanung, Finanzierung und Organisation
auf die bestmögliche Befriedigung der Kundenbedürfnisse
ausrichten.

<u>vollkommener Markt (Idealmarkt) vs. unvollkommener Markt (wirklicher Markt):</u>

Ein vollkommener Markt liegt vor, wenn alle 3 Bedingungen erfüllt sind:	Ein unvollkommener Markt liegt vor, wenn eine Bedingung nicht erfüllt ist:
- Alle Güter sind hinsichtlich Art, Qualität, Ausstattung und Aufmachung völlig gleich (homogen). - vollständige Marktübersicht (Markttransparenz) z. B.: an der Börse z. B.: mithilfe eines Maklers z. B.: mithilfe des Internets - Die Käufer ziehen keinen Anbieter und kein Produkt vor. Fehlen von persönlichen, räumlichen, zeitlichen, … Vorteilen (Präferenzen)	- Die Güter haben unterschiedliche Qualität. (Selbst gleichartige Artikel – z. B. Kaffee oder Waschmittel – stellen sich durch Verpackung, Aufschrift, Werbung den Käufern unterschiedlich dar.) - fehlende Marktübersicht (Käufer kennen niemals die Preise, Zahlungsbedingungen, Rabatte und Qualitäten aller erreichbaren Anbieter einer Stadt.) - persönliche (höfliche und individuelle Bedienung im „Tante-Emma-Laden"), räumliche (Entfernung zum Geschäft), zeitliche (Öffnungs- und Lieferzeiten) Präferenzen liegen vor

21.) Ergänzen Sie die Begriffe Monopol, Oligopol und Polypol!

	viele Nachfrager	wenige Nachfrager	ein Nachfrager
viele Anbieter	Polypol	Nachfrage-oligopol (Oligoopson)	Nachfrage-monopol (Monopson)
wenige Anbieter	(Angebots-) Oligopol	zweiseitiges Oligopol	beschränktes Monopson
ein Anbieter	(Angebots-) Monopol	beschränktes Monopol	zweiseitiges Monopol

22.) Auf einem Markt für EDV-Anlagen stehen drei Anbietern fünf Nachfrager gegenüber. Welche Marktform liegt vor?

1	zweiseitiges Monopol	4	Angebotsoligopol
2	zweiseitiges Oligopol	5	Nachfragepolypol
3	Nachfrageoligopol		

2

23.) In welchem Fall handelt es sich um einen Käufermarkt?

1 Trotz gestiegener Preise erhöht sich die inländische Nachfrage.

2 Bei unveränderter Nachfrage erhöht sich das Angebot und sinken die Preise aufgrund des Auftretens ausländischer Anbieter.

3 Wegen großer Ausfälle steigt der Preis erheblich. Die Nachfrage der Verbraucher bleibt dennoch unverändert.

4 Eine Maschine wurde bisher von zwei Anbietern angeboten. Einer der Anbieter stellt seine Produktion ein.

5 Die Banken erhöhen die Kreditzinsen. Die Nachfrage nach Krediten bleibt unverändert.

2

24.) In welchem Fall liegt ein vollkommener Markt vor?

1 Die angebotenen Güter sind von gleicher Art und Güte.

2 Die angebotenen Güter unterscheiden sich in Qualität und Ausstattung.

3 Ein Anbieter kann aufgrund seiner starken Marktstellung den Preis zu seinen Gunsten beeinflussen.

4 Aufgrund des starken gegliederten Marktes ist es für Nachfrager nicht möglich, die Angebote der Anbieter kennenzulernen.

5 Die Nachfrager bevorzugen einen Anbieter wegen der zuvorkommenden fachlichen Beratung.

1

25.) Welcher der Märkte ist am ehesten ein idealer Markt?

1	der Arbeitsmarkt	4	der Devisenmarkt
2	der Immobilienmarkt	5	der Automarkt
3	der Wohnungsmarkt		

4

26.)	**Geben Sie für diese Beispiele jeweils die Marktform an!**
Landwirte – Molkereien	**Nachfrageoligopol**
Mineralölgesellschaften – Autofahrer	**Angebotsoligopol**
Hersteller eines Spezialgerätes – Labor	**beschr. Ang.-mon.**
Aktienmarkt: Käufer – Verkäufer	**Polypol**
Hersteller von Tornado-Kampfflugzeugen – Bundeswehr	**zweiseitiges Monopol**
einziger Hersteller eines Pkw-Ersatzteils – VW AG	**zweiseitiges Monopol**
Telefongesellschaften – Telefonnutzer	**Angebotsoligopol**
Gemüsehändler auf dem Gemüsemarkt – Verbraucher	**Polypol**
Straßenbaubetriebe – Staat	**beschr. Monopson**
Kräne-Hersteller – Betriebe, die mit Kränen arbeiten	**zweiseit. Oligopol**
Lebensmittelhändler in Ballungsgebieten – Konsumenten	**Polypol**
Zigarettenindustrie – Raucher	**Angebotsoligopol**
Brief-Post – Nutzer der Briefbeförderung	**Angebotsoligopol**
Weinbauern – Winzergenossenschaften	**Nachfrageoligopol**
Pensionen in einem Feriengebiet – Reisegesellschaften	**Nachfrageoligopol**
Werften – Reedereien	**zweiseit. Oligopol**
Landwirte – einzige Zuckerrübenfabrik in der Region	**Nachfragemonopol**

27.)	**In welchen der folgenden Fälle liegt ein vollkommener Markt (1) oder ein unvollkommener Markt (2) vor?**	
	A geht lieber zu Lidl einkaufen, weil der Verkäufer so nett ist.	**2**
	A geht lieber zu Lidl einkaufen, weil der gleich um die Ecke liegt.	**2**
	A ist es völlig egal, in welchen Markt er einkaufen geht.	**1**
	A bestellt lieber bei Amazon, weil die frei Haus liefern.	**2**
	Die Güter unterscheiden sich hinsichtlich ihrer Qualität.	**2**
	Dank des Internets hat A eine 100 %-ige Marktübersicht.	**1**

3   Die Kaufkraft des Geldes

3.1   Die Arten des Geldes

28.)

Die Geschichte des Geldes

Als das erste und einfachste Geld gilt der Tauschgegenstand: „Gib mir zwei Ziegen und du erhältst dafür einen Speer." Da es aber zu umständlich war, die Tauschgegenstände immer mit sich zu schleppen, wurde nach einem Ersatz gesucht, der von allen auch ähnlich bewertet wurde. Man nannte es Warengeld und wählte wertvolle Waren, die sich lange aufbewahren ließen: Salzbarren, Felle, Seide, Muscheln, Waffen.

Gold und Silber in Form von Ringen, Barren oder Schmuck bildeten bereits den Übergang zum Metallgeld. König Krösus aus Lydien (vor etwa 2.500 Jahren) gilt als Erfinder des Geldes, er ließ die ersten Münzen prägen.

Im 18. Jahrhundert setzte sich die Goldwährung durch. Damals entsprach der aufgeprägte Wert exakt dem Materialwert der Münze.

Das Papiergeld ist etwa 150 Jahre alt und entwickelte sich aus Quittungen und Depotscheinen. Man quittierte damals die Hinterlegung von Gold mit einer Banknotiz. Aus diesem Wort entwickelte sich der Begriff Banknote. Heute ist die Banknote (Papiergeld) neben den Münzen das gesetzliche Zahlungsmittel.

Die bislang letzte Stufe in der Geldgeschichte ist der bargeldlose Zahlungsverkehr (oder: Buchgeld) mit Überweisung, Scheck, Scheckkarte und Kreditkarte.

Das Geld ist somit allgemein der für alle gleiche Wertmaßstab für Sachen und Dienstleistungen. Ohne Geld geht heute nichts mehr!

a) Gibt es Dinge, die man mit Geld nicht kaufen kann?

b) Wie war die Situation, bevor Geld eingeführt wurde?

c) Welche Probleme gab es beim Naturaltausch?

d) Welche Geldarten gab es in der Geschichte?

a) Freundschaft, Liebe, Glück, Erfolg, Gesundheit, Unsterblichkeit, Mut, Treue, Persönlichkeit

b) Selbstversorgung (= tauschlose Wirtschaft)

c) - Die Produkte müssen unendlich teilbar sein.

   - Die Produkte dürfen nicht verderben.

   - Die Produkte müssen für beide Tauschpartner gleich wertvoll sein.

d) Warengeld = wertvolle Waren

   Metallgeld = Metalle aller Art

   Münzgeld = Metalle mit Wertangabe (durch Prägung)

   Papiergeld = Banknoten

   Buchgeld = bargeldloser Zahlungsverkehr

<u>geschichtliche Entwicklungsstufen:</u>

- Naturalieneigenwirtschaft:
  - Güter und Leistungen nur für den eigenen Bedarf
  - geschlossene Wirtschaft
  - kein Tausch
  - kein Geld

- Naturalienwirtschaft:
  - Güter und Leistungen über den eigenen Bedarf hinaus
  - offene Wirtschaft
  - unmittelbarer Tausch mit Gütern und Leistungen
  - kein Geld

- Geldwirtschaft:
  - Güter und Leistungen über den eigenen Bedarf hinaus
  - offene Wirtschaft
  - mittelbarer Tausch (über das Geld)
  - mit Geld

Warengeld	**Nutzgeld** (Vieh, Salz, Tee, Waffen, ...)	stoff- wertiges Geld
	Schmuckgeld (Muscheln, Perlen, Zähne, ...)	
Metallgeld	**Wägegeld** (ungemünztes Metall: Gold, Silber, Eisen, Kupfer, ...)	
	Münzgeld (gemünztes Metall) Prägerecht des Staates Kurantmünzen (Geldwert = Metallwert) Scheidemünzen (Geldwert > Metallwert)	
Papiergeld (auch: Banknoten)	**Papiergeld** (gesetzliches Zahlungsmittel)	stoff- wertloses Geld
Buchgeld (auch: Giralgeld)	**Kontoguthaben** (Sichteinlagen = jederzeit verfügbare Einlagen bei der Bank)	stoffloses Geld

Witz:
Zwei Ostfriesen finden eine Geldbörse. Hein öffnet und sieht sich einen Schein genau an, danach wirft er alles wieder weg. Jochen fragt: „Warum hast du den Schein nicht behalten?" – Hein kopfschüttelnd: „Das war doch eine Blüte. Oder hast du schon mal einen 5-Euro-Schein mit zwei Nullen gesehen?"

Witz:
An der Kasse: „Wenn Sie selbst zugeben, noch nie einen 35-Euro-Schein gesehen zu haben, wie können Sie dann behaupten, dieser sei falsch?"

Geldarten:

Bargeld:

- Münzgeld
  - hat in der heutigen Wirtschaft nur noch geringe Bedeutung
  - eingesetzt bei täglichen Bargeschäften
  - Nach dem "Gesetz über die Ausprägung von Scheidemünzen" vom Juli 1950 hatte die BRD das alleinige Recht zur Ausprägung von Münzen (Münzmonopol).
  - Deutsche Bundesbank kauft und vertreibt Münzen zum Nennwert.
  - Münzgewinn (= Nennwert – Prägekosten) erhält der Staat.

- Banknoten
  - Papiergeld
  - Bis 1914 galt in Deutschland das Eintauschrecht gegen Gold.
  - Private Gläubiger müssen Banknoten unbegrenzt annehmen.

Zerstörte Banknoten nicht wertlos

Aus Versehen in die Waschmaschine gesteckt, nicht aufgepasst und schon ist bei der Kabbelei der Kinder der Zehner zerrissen oder beim fröhlichen Grillfest kurz mal zu nah ans Feuer geraten, alles schon vorgekommen, aber was tun? Beschädigte oder zerrissene, angebrannte oder verfärbte Banknoten sind nicht zwangsläufig wertlos. Die Deutsche Bundesbank ersetzt in der Regel das Geld, noch dazu kostenlos. Das gilt nicht nur für Euro-Geldscheine, sondern auch für ehemalige D-Mark-Noten. Voraussetzung ist jedoch, dass der Eigentümer mehr als die Hälfte des Geldscheins einreicht. Kann er das nicht, muss er nachweisen, dass die fehlende Hälfte bzw. der größere Teil der Banknote vernichtet wurde. Es empfiehlt sich, alle Reste des Scheins - und seien sie noch so klein oder zerstört - einzusammeln, zu verpacken und einzureichen. In manchen Fällen hilft auch schon die eigene Bank. Wenn die Banknote nur leicht in Mitleidenschaft gezogen wurde, beispielsweise durch versehentliches Waschen, wird sie einfach gegen eine makellose eingetauscht. Bei stärkeren Beschädigungen kann jedoch nur die Deutsche Bundesbank als richtiger Ansprechpartner weiterhelfen.

Buchgeld:
- Buchgeld entsteht durch Bargeld**ein**zahlung und wird durch Bargeld**aus**zahlung vernichtet
- Buchgeld kann jederzeit in Bargeld gewandelt werden.
- Buchgeld ist aus der Position der Nichtbank Sichtguthaben, das jederzeit (bei Sicht) verfügbar ist.
  Sichtguthaben der Geschäftsbanken heißen **Giralgeld**.
  Da das Buchgeld bei den Banken EDV-gerecht verwaltet wird, trifft auch der Ausdruck **Computergeld**. Die Bedeutung des Buchgeldes ggb. dem Bargeld ist steigend: Bereits heute ist die mit Buchgeld übertragene Geldmenge doppelt so hoch wie die mit Bargeld übertragene Geldmenge.

Geldersatzmittel:
- Schecks, Wechsel, Kreditkarte, Scheckkarte (**P**oint-**O**f-**S**ale-Banking)
- zur bargeldlosen Zahlung

29.) | Welche Eigenschaften muss Bargeld aufweisen?

Bargeld muss leicht übertragbar, teilbar, dauerhaft,
wertbeständig und allgemein anerkannt sein.

30.) | Welche Stoffe erfüllen die Eigenschaften des Geldes?

für Münzen: Metalle wie Gold, Silber, Messing,
               Kupfer, Nickel, Chrom und Aluminium

für Papiergeld: hadernhaltiges Papier

31.) | Wie ist der Annahmezwang gesetzlicher Zahlungsmittel für den Gläubiger geregelt?

aus: „Sächsische Zeitung"
vom 13. Dezember 2013

Bargeldlos Bares los

Linz. Fehlende Münzen als Ausrede haben ausgedient – zumindest in der katholischen Pfarrkirche auf dem Linzer Pöstlingberg. Dort wurde jetzt ein elektronischer Opferstock installiert. Die Kirchenbesucher können ab sofort ihre Spenden bargeldlos mittels ec- oder Kreditkarte geben. Ist das Projekt erfolgreich, ist auch eine Ausweitung auf andere Gotteshäuser in Österreich vorgesehen.

maximal 50 Münzen

Aber: Verkäufer kann sich weigern, die Ware gegen
einen zu großen Schein auszugeben, wenn er zu wenig
Wechselgeld in der Kasse hat.

32.) | In welcher Situation kommt es zu einer sog. „Zigaretten-
währung"?

Wenn das Vertrauen in gesetzliche Zahlungsmittel
verloren ist, sucht man nach einem leicht übertragbaren,
teilbaren und allgemein anerkannten Gut.

33.) Nennen Sie Beispiele für die Unersetzlichkeit von Bargeld!

kleiner Zahlungsverkehr: Alltagszahlungen, Trinkgelder, Münzautomaten, Toilette

34.) Unterscheiden Sie gesetzliche Zahlungsmittel und Geldersatzmittel aus der Sicht des Gläubigers!

Erhält der Gläubiger gesetzliche Zahlungsmittel, so erlischt sein Forderungsanspruch sofort.

Erhält der Gläubiger Geldersatzmittel, so erlischt sein Forderungsanspruch erst dann, wenn er diese zu Bar- oder Buchgeld gemacht hat.

35.) Wer hat in Deutschland das alleinige Recht, Euro-Münzen prägen zu lassen?

1	die Deutsche Bundesbank	4	der Bundesfinanzminister
2	die Bundesregierung	5	die Landeszentralbank
3	der Bundestag		

2

36.) Wer hat in Deutschland das alleinige Recht, Euro-Banknoten zu drucken und in Umlauf zu bringen?

1	die Deutsche Bundesbank	4	der Bundesfinanzminister
2	die Bundesregierung	5	die Landeszentralbank
3	der Bundestag		

1

37.) Nennen Sie Faktoren, die den Bedarf an Banknoten und Münzen bestimmter Wertigkeit beeinflussen!

- Änderung der Zahlungsgewohnheiten
- Preise für Automatenwaren (z. B. Zigaretten, Fahrkarten)
- Entwicklung der Untergrundwirtschaft („Schwarzarbeit")
- Geldanlagen des Auslandes (500-Euro-Banknoten)

38.) | Die im Umlauf befindlichen Euro-Münzen sind ...

1	... Scheidemünzen, weil der Nominalwert geringer ist als der Metallwert.
2	... Kurantmünzen, weil der Nominalwert geringer ist als der Metallwert.
3	... Scheidemünzen, weil der Nominalwert höher ist als der Metallwert.
4	... Kurantmünzen, weil der Nominalwert höher ist als der Metallwert.
5	... Scheidemünzen, weil der Nominalwert gleich dem Metallwert ist.
6	... Kurantmünzen, weil der Nominalwert gleich dem Metallwert ist.

3

39.) Setzen Sie die Begriffe Banknoten, Bargeld, Buchgeld, Geld, Giralgeld, Münzen und Stückgeld in die folgende Übersicht ein!

Geld

↙ ↘

Bargeld (Stückgeld) **Giralgeld (Buchgeld)**

↙ ↘

Münzen **Banknoten**

Witz:
In der Bank hebt ein Mann 2.000 Euro in 50-Euro-Scheinen ab. Vorsichtshalber zählt er das Geld nach: „50, 100, 150, 200, 250, ..." Bei 1000 hört er auf. – „Warum zählen Sie denn nicht weiter?", fragt der Kassierer. – „Ach", meint der Mann, „wenn's bis dahin stimmt, dann ist der Rest sicher auch in Ordnung."

aus: „Sächsische Zeitung"
vom 9. Juli 2008

Erstmals einheitliche Währung in Deutschland

Am 9. Juli 1873 verkündet der deutsche Kaiser Wilhelm I. das „Münzgesetz". Die acht im Deutschen Reich noch gültigen Landeswährungen mit mehr als 100 verschiedenen Münzsorten wie beispielsweise Kreuzer, Heller, Taler, Batzen, Schilling oder Gulden werden abgeschafft. Die Mark (Goldmark) wird neues Zahlungsmittel und an das internationale System der Goldwährungen angeschlossen. Jeder Bundesstaat darf Münzen selbst prägen und die Vorderseite frei gestalten. Offiziell tritt die neue Währung zum 1. Januar 1876 in Kraft. Schon 1838 hatte Sachsen im Deutschen Zollverein vorgeschlagen, innerhalb der Vereinsmitglieder eine gemeinsame Währung zu schaffen. Doch der Vorschlag war gescheitert. Die Goldmark bleibt bis zum Ausbruch des Ersten Weltkrieges 1914 relativ stabil.

3.2 <u>Die Funktionen des Geldes</u>

Eine Zahlung kann veranlasst werden durch:
- Verträge (z. B. bei Kauf, Miete),
- freiwillige Zuwendungen (Geburtstagsgeschenke),
- Gesetze (z. B. Steuern, Gebühren, Abgaben, Beiträge),
- Schadensersatzverpflichtungen (z. B. Unfallrente).

Die Zahlung erfolgt mittels eines allgemein anerkannten Gutes:
des **Geld**es.

40.)
> Beim Untergang eines Schiffes konnten sich ein reicher Passagier und der Schiffskoch auf eine unbewohnte Insel retten. Bald stellten die Beiden fest, dass es auf der Insel zwar eine Quelle, jedoch nichts zu essen gab.
> Der Koch hatte einige Konserven retten können, von denen ein Mann, wenn er sich einschränkte, vier Wochen leben konnte. Der Reiche hatte nur seine Brieftasche mit 200.000 Euro bei sich.
> Der Koch erinnerte sich von früheren Fahrten auf einem Schiff, dass dieses an der Insel monatlich einmal anlegte, um frisches Wasser aufzunehmen. Er wusste jedoch nicht, an welchem Tag der Frachter wieder hier anlegen würde und sie beide retten könnte. Wenn der Frachter erst vor kurzem hier war, würden seine Vorräte bis zum Eintreffen des Frachters gerade für ihn allein zum Überleben ausreichen. Würde der Frachter aber in den nächsten 14 Tagen hier anlegen, reichten seine Konserven für beide.
> Als der Koch dem Reichen das erzählte, schlug der vor, für 1.000 Euro die Hälfte der Konserven abzukaufen. Doch das war dem Koch zu wenig.
> "Das ist richtig", erwiderte der Koch, "doch hier ist Ihr Geld wertlos wie das Meerwasser. Selbst das Quellwasser ist hier wertvoller, denn es löscht den Durst. Für Ihre Euros kann man sich hier nichts kaufen. Und wenn der Frachter erst in drei oder vier Wochen kommt, sind die Konserven mein Leben wert. Da Sie zu Hause noch viel mehr Geld besitzen, verkaufe ich Ihnen die Hälfte meiner Konserven nur für Ihre 200.000 Euro."
> Dem Reichen blieb nichts anderes übrig, und er gab das gesamte Geld. Nach einer Woche kam der Frachter und nahm die beiden Schiffsbrüchigen an Bord. Zu Hause baute sich der Koch von dem Geld ein Haus ...
> Warum waren die 200.000 Euro auf der Insel nichts, einige Tage später jedoch so viel wert?

Geld war auf der Insel wertlos, später aber erhielt es wieder einen Wert.

→ Film „Währungsreform 1948" (Dauer: 4:42 Minuten)
https://www.youtube.com/watch?v=YSpoPBC0k7k

→ Film „1948; Die Währungsreform" (Dauer 3:32 Minuten)
https://www.youtube.com/watch?v=4PA9Mx1wNdY

→ Film „1948: Berlin-Blockade" (Dauer: 3:57 Minuten)
https://www.youtube.com/watch?v=KWt2a_kN0QU

<u>Fragen:</u> Wovon lebte das deutsche Volk in den ersten Nachkriegsjahren?

Warum bildeten sich Schwarzmärkte?

Wieso verschwanden von einem Tag zum anderen die Schwarzmärkte?

Welche Dinge behielten/verloren ihren Wert in den Nachkriegswirren?

Welche Geldersatzmittel wurden benutzt? Warum gerade diese?

Wer waren die Gewinner/Verlierer der Währungsreform?

Warum kam es zur Berlin-Blockade?

41.) | Nennen Sie vier Geldfunktionen!

- Wertaufbewahrungsmittel   - Recheneinheit (Wertmesser)
- Zahlungsmittel (Tauschmittel)   - Wertübertragungsmittel

42.) | Nennen Sie drei Eigenschaften, die das Geld haben muss, damit es seine Funktionen erfüllen kann!

- leicht transportierbar   - technisch haltbar
- beliebig teilbar   - allgemein anerkannt

43.) Nach dem 2. Weltkrieg waren viele Städte und Fabriken zerstört. Die meisten Menschen hatten keine Arbeit, lebten in großer Not. Es wurden nur vereinzelt Güter produziert. Deshalb tauschten die Menschen Waren, die sie über den Krieg gerettet hatten. Wegen der Knappheit der Lebensmittel tauschte die Städter Teppiche, Schmuck, silberne Bestecke, Porzellan, Wäsche usw. gegen Lebensmittel (Kartoffeln, Rüben, Mehl, Speck, Wurst und Schinken) bei den Landwirten ein. Bei den Bauern waren Arzneimittel und Zigaretten begehrt. In den Städten hingen an Bretterwänden oder Schaufensterscheiben Zettel mit Tauschgesuchen:

Suche: Kinderbett für Kinderkleidung Dietrich, Markt 1	Biete: Kinderbett Suche: Fahrrad Maier, Seestraße 5, Keller
Suche: Mantel, He Biete: Fahrrad Schumann, Tor 5	Tausche Brennholz gegen zwei VW-Autoreifen Dr. Gebhardt, Uni-Klinik
Biete: Damenkleid gegen Zigaretten Arndt, Markt 17	Suche: Sprit; Biete: Wolle Fam. May, Körnerplatz 23
	Biete Rum gegen Zigaretten Gerd Seifert, Stübelallee 35
Biete: Schreibmasch. für Lebensmittel Müller, Uferstr. 3	Biete Gasherd gegen Stoff Max Weber, Schlossallee 7
Tausche elektr. Eisenbahn gegen Schreibmaschine Erna Mischke, Parkstr. 4	Suche: Kinderkleid Biete: Lederhandschuhe Schröder, Goetheallee 10
Biete: Herrenmantel Gr. 50 Suche: Ki-wagen + Babysachen Eva Schüler, Schillerstraße 10	Suche: Wintermantel, Herren Biete: neue Ski, 185 cm Albert Schmitt, Beilstraße 7

a) Welchen Tauschweg müsste Herr Müller gehen, um den Kinderwagen und die Babysachen gegen Kinderbekleidung einzutauschen?

b) Welche Probleme bereiten diese Tauschvorgänge?

c) Welche Aufgabe übernimmt das Geld heute?

a) - Tausch mit Eva Schüler gegen Herrenmantel
   - Tausch mit Schumann gegen Fahrrad
   - Tausch mit Maier gegen Kinderbett
   - Tausch mit Dietrich gegen Kinderkleidung

b) die Tauschgegenstände gefallen nicht
   die Tauschgegenstände haben verschiedenen Wert

c) Tauschmittel

44.) Welchen Tauschweg müsste Herr Mai gehen, um das Fahrrad gegen die Schreibmaschine einzutauschen?

Biete Fahrrad, Suche Schreibmaschine Herr Mai, Hauptstr. 34	Lederkoffer → Schreibmaschine Kindermann, Badstraße 4
Suche Zinnsoldaten, biete Lederkoffer A. Bayer, Zwinglistraße 3	Biete fast neuwertiges Mofa, suche Skianzug, Größe 48 Alfons Mustermann, Seestr. 9
Herrenfahrrad im Tausch gegen Zinnsoldaten Tel.: 23 07 56	Wer sucht Kinderwagen, suche Kinderfahrrad Müller, Südhöhe 12

- Tausch mit Tel. 23 07 56 gegen Zinnsoldaten
- Tausch mit A. Bayer gegen Lederkoffer
- Tausch mit Kindermann gegen Schreibmaschine

45.) Bei einem Urwaldstamm waren kunstvoll geschliffene Pfeile das beliebteste Zahlungsmittel. Daneben gab es noch größere Einheiten, die wie folgt verrechnet wurden:

3 Pfeile	= ein gebrannter Topf
2 Pfeile und ein gebrannter Topf	= ein geschliffenes Beil
4 Pfeile und ein gebrannter Topf	= eine Decke aus Tierfellen
4 Pfeile und eine Decke aus Fell	= eine geknüpfte Matte
10 Pfeile + 2 Decken + eine Matte	= ein bearbeiteter Einbaum
3 Pfeile und 2 Einbäume	= ein Zelt

Ury besitzt 1 Zelt, 3 Töpfe, 4 Beile, 8 Decken, 2 Matten, Einbaum, 10 Pfeile. Didi besitzt 2 Zelte, 4 Töpfe, 2 Beile, 4 Decken, Matte, Einbaum, 6 Pfeile. Feri besitzt Zelt, 8 Töpfe, 3 Beile, 5 Decken, Matte, 2 Einbäume, 3 Pfeile.

a) Wie viele Pfeile entsprechen den Gegenständen?

b) Stellen Sie eine Rangfolge der Indianer nach Besitzverhältnissen auf!

a)

1 Tontopf	=	= 3 Pfeile
1 Beil	= 2 Pfeile + 1 Tontopf	= 5 Pfeile
1 Decke	= 4 Pfeile + 1 Tontopf	= 7 Pfeile
1 Matte	= 4 Pfeile + 1 Decke	= 11 Pfeile
1 Einbaum	= 10 Pfeile + 2 Decken + 1 Matte	= 35 Pfeile
1 Zelt	= 3 Pfeile + 2 Einbäume	= 73 Pfeile

b) Didi 248 Pfeile / Feri 231 Pfeile / Ury 225 Pfeile

<u>Funktionen des Geldes:</u>

- **Tauschmittel** (Zahlungsmittel)
    - ursprüngliche (originäre) Geldfunktion
    - Tausch: Ware gegen Geld (Güter kaufen und verkaufen)
    - Geld ermöglicht indirekten Tausch:
        - z. B.: Ein Arbeiter verkauft seine Arbeitskraft gegen Geld.
          Für das Geld kauft sich der Arbeiter Güter.
        - z. B.: Ein Landwirt verkauft Getreide an den Müller.
          Mit dem Geld bezahlt er die Auto-Reparatur.

> Geld ermöglicht erst die Arbeitsteilung!

- **Recheneinheit** (Wertmesser, Wertmaßstab)
    - abgeleitete (derivative) Geldfunktion
    - Geldeinheiten geben den Preis einer Ware an.
        - z. B.: Eine „Sächsische Zeitung" kostet 1,50 Euro.
    - Alle Güter und Leistungen werden mit Geld bewertet.
    - Der Wert der Güter und Leistungen wird sichtbar und vergleichbar.
    - Das Vermögen kann als Wertgröße angegeben werden.

- **Wertaufbewahrungsmittel**
    - abgeleitete (derivative) Geldfunktion
    - Geld ermöglicht, den Tauschvorgang zeitlich zu trennen.
    - Geld kann gespart werden und erst in Zukunft ausgegeben werden
    - Es ist aber auch möglich, heute Güter zu erwerben und erst später zu bezahlen. z. B. Abzahlungs- oder Zielkauf
    - Geld überbrückt Zeiträume und erweitert den Handlungsspielraum der Wirtschaftssubjekte.

- **Wertübertragungsmittel**
    - abgeleitete (derivative) Geldfunktion
    - Übertragung von Werten durch Lohnzahlung, Schenkung, Überweisung, Erbschaft, usw.
    - Geld kann vom Geldbesitzer auf andere übertragen werden (Forderung übertragen).
        - z. B.: Oma schenkt dem Enkel zwei Euro.
        - z. B.: Herr M. nimmt einen Bankkredit auf.
        - z. B.: Ein Taschendieb stiehlt eine Brieftasche mit 9 Euro.

<u>Eigenschaften des Geldes:</u>

Die o. g. Funktionen kann Geld nur erfüllen, wenn es folgende Eigenschaften besitzt:

- Geld muss allgemein anerkannt sein.
- Geld muss knapp und begehrt sein.
- Geld muss leicht transportierbar.
- Geld muss gut aufbewahrbar sein.
- Geld muss lange haltbar sein.
- Geld muss schwer fälschbar sein.
- Geld muss ohne Verluste genügend teilbar sein.
- Geld muss wertbeständig sein.
- Geld muss leicht übertragbar sein.
- Geld muss dauerhaft sein.

46.)	Nennen Sie für folgende Beispiele jeweils die **Funktion des Geldes**!	
	Ein Azubi will bald den Führerschein erwerben. Dafür spart er monatlich 100 €.	Wertaufbewahrungs-mittel
	Tante Sabine vererbt dem lieben Andreas ein Sparbuch mit 12.000 € Guthaben.	Wertübertragungs-mittel
	Ingrid sieht in einem Schaufenster einen blauen Sweatshirt für 60 €.	Wertmesser (Recheneinheit)
	Inge kauft ein Sweatshirt und zahlt mit Karte.	Zahlungsmittel (Tauschmittel)
	Für ihre guten Zensuren sahnt Enkelin Kerstin gleich 50 € von der Oma ab.	Wertübertragungs-mittel
	Auf der Südseeinsel Yap war es üblich, dass das Steingeld, das die Jünglinge vor dem Eintritt in den Mannesstand von einer weit entfernten Insel heranholen mussten, vor ihren Hütten zur Schau gestellt wurde.	Wertaufbewahrungs-mittel (i. S. Dokumentation des Wohlstandes)
	Frau Maier war beim Friseur. Für 60 € hat sie sich eine Kaltwelle machen lassen.	Zahlungsmittel (Tauschmittel)

Sohn Michael erhält vom Vater 3 € Taschengeld.	Wertübertragungs-mittel
Die Gewerkschaft will eine Anhebung der Ausbildungsvergütung von 436 € auf 466 €.	Wertmesser (Recheneinheit)
Heidi zahlt jeden Monat 50 € auf ihrem Sparbuch ein.	Wertaufbewahrungs-mittel
Bernd überweist von seinem Girokonto 30 € an die Welthungerhilfe.	Wertübertragungs-mittel
Katrin will einen Walkman kaufen. Sie vergleicht den Preis mit anderen Angeboten.	Wertmesser (Recheneinheit)
Susi kauft ein Paar neue Turnschuhe.	Zahlungsmittel (Tauschmittel)
Zum Geburtstag erhält Petra von ihrer Tante einen 100-€-Schein.	Wertübertragungs-mittel
Der Unfallschaden wird vom TÜV geschätzt.	Wertmesser (Recheneinheit)
Herr Meier zahlt monatlich 1.500 € Zinsen für einen in Anspruch genommenen Kredit.	Zahlungsmittel (Tauschmittel)
Die Wohnungsmiete (650 €) wird monatlich per Dauerauftrag vom Konto abgebucht.	Zahlungsmittel (Tauschmittel)
Michael verlor 5 € aus seiner Hosentasche.	Wertübertragungs-mittel

47.) Nach dem 2. Weltkrieg waren auf dem Schwarzmarkt amerikanische Zigaretten Geldersatz statt der offiziellen Reichsmark. Wieso entspricht die Zigarette den Anforderungen an ein modernes Zahlungsmittel

Zigaretten waren auf dem Schwarzmarkt allgemein anerkannt als Zahlungsmittel, knapp, nicht fälschbar, gut transportier- und lagerbar, bei ganzer Stückzahl teilbar.

48.) Heidi hat eine Ausbildung zur Friseuse begonnen. Ihre Ausbildungs-
vergütung bekommt sie auf ein Girokonto, auf dem sie auch
monatlich einmal die Sparbüchse mit dem Trinkgeld einzahlt. Von
diesem Konto überweist sie die Versicherung und die Steuern für
das Moped. Wenn sie Kleidung oder andere teure Sachen kaufen
will, hebt sie einen Betrag von diesem Konto ab. Die monatlichen
Zahlungen an den Buchklub werden automatisch abgebucht. Am
Monatsende lässt sie den verbliebenen Rest auf ein Sparbuch
buchen, auf dem auch noch ab und zu eine Sonderzahlung eingeht –
aber nur, wenn Oma gute Laune hat und ihr etwas schenkt. Heidi hat
einen Freund. Er ist genauso sparsam wie sie. Er möchte sich gern
ein neues Auto kaufen. Dafür legt er jeden Euro zurück. Mit seinen
vermögenswirksamen Leistungen finanziert er einen Bausparvertrag,
da er später ein Haus bauen will. Heidi will lieber etwas für die
Hochzeit und die Möbel zurücklegen – dafür hat sie ihr Sparbuch. In
ihrem Kegelklub sparen alle in einen großen Kegel, mit dem dann
die jährliche Kegelfahrt finanziert werden soll. Heidis Vater kaufte
sich fünf Aktien. "Das kann ich später wieder flüssig machen", pflegt
er zu sagen, "und es ist schon ein schönes Gefühl, Aktionär zu sein."
Seitdem liest er immer die Aktienkurse in der Zeitung. Doch am
sparsamsten ist Oma, denn sie spart überall: unter dem Kopfkissen,
der Matratze, in verschiedenen Vasen, Kästchen, im Schrank –
manchmal auch unter dem Teppich. Sie versteckt ihr Geld sehr gut
und ist auch sicher, dass es kein Dieb finden wird, denn meistens
muss sie es selbst sehr lange suchen.

Welche Funktionen des Geldes wurden in der Geschichte
angesprochen? Nennen Sie die jeweils zugehörigen
Beispiele!

<u>Wertaufbewahrungsmittel:</u> Heidis Sparbüchse mit dem
Trinkgeld, Kontoabhebung für Kleidung und teure Sachen
für Heidi, Heidis Sparbuch, Bausparvertrag von Heidis
Freund, Kegel, Aktien (die Heidis Vater gehören), Omas
Kopfkissen, Matratze, Vasen, Kästchen, Schrank,
Teppich

<u>Wertübertragungsmittel:</u> Heidis Girokonto,
Überweisung für Heidis Moped (Versicherung und
Steuern), Abbuchung für den Buchklub, Omas
Schenkung

49.) Überall, wo Menschen in primitiven Kulturen zusammenlebten, wurde getauscht. Oft wurden jedoch diese Tauschvorgänge erschwert, da ein Tauschpartner für sein Produkt nicht das haben wollte, was ihm der andere anbot. Man vereinfachte daher die Tauschgeschäfte, indem man Waren annahm, für die man später andere Waren eintauschen konnte.

Ein Stamm in Afrika hatte als „Tauschware" Kühe bestimmt, da diese die Lebensgrundlage darstellten und von allen Stammesmitgliedern als sehr wertvoll angesehen wurden. Doch diese Recheneinheit hatte ihre Grenzen. Eine Kuh war zu wertvoll, um sie gegen kleinere Dinge einzutauschen. Wollte man z. B. ein Messer, einen Bogen oder ähnliches eintauschen, so war sie als Tauschmittel zu groß. Man konnte die Kuh nicht teilen oder von ihr ein Stück – z. B. im Wert eines Messers – abschneiden.

Daher beschloss man eines Tages, als neue Recheneinheit geräucherte Fische einzuführen. Doch schon bald stellte sich heraus, dass auch diese Fische als Recheneinheit nicht taugten, da sie zu leicht verderblich waren, und man sie nur schlecht und nur für kurze Zeit aufbewahren konnte. Eines Tages hatte der alte Medizinmann eine Idee. Hin und wieder wurden am Strand besonders farbige und schöne Muscheln gefunden. Bisher hatte man daraus Ketten gefertigt und sie zu besonderen Festen getragen. Er schlug vor, diese Muscheln als Tauschmittel einzuführen, da sie knapp waren und von allen gewünscht wurden. Außerdem waren sie leichter transportierbar als die Kühe. Sie waren klein, nicht verderblich und gut aufbewahrbar. Eines Tages kamen weiße Händler und brachten bunte Perlen und völlig neue Waffen. Jeder wollte diese Waffen kaufen. Doch die Händler wollten nicht die zum Tausch angebotenen Muscheln, sie wollten Felle und Holzschnitzereien.

Durch die Händler lernte man ein anderes Volk flussabwärts kennen, das ebenfalls von den Muscheln nicht beeindruckt war, weil sie dort zu Tausenden am Strand lagen und von keinem beachtet wurden.

Welche Anforderungen muss ein Tauschmittel erfüllen, um als modernes Zahlungsmittel zu taugen?

- ohne Verluste beliebig teilbar (Kühe, Fische)
- gut aufbewahrbar (Fische verderben, Muscheln)
- gut transportierbar (Muscheln)
- knapp (Muscheln)
- allgemein anerkannt
  (Muscheln und Felle durch die Händler)
- schwer fälschbar

3.3   Die Begriffe „Kaufkraft" und „Preisniveau"

<u>Kaufkraft der DM:</u>

	Preisindex	Kaufkraftindex
1948	100	100 Pfennige
1960	111	90 Pfennige
1970	142	70 Pfennige
1980	233	43 Pfennige
1988	284	35 Pfennige
1991	311	32 Pfennige

<u>Kaufkraft des Euro im Ausland:</u>

1,89 €	Polen
1,76 €	Ungarn
1,21 €	Portugal
1,19 €	Griechenland
1,11 €	Spanien
1,01 €	Italien
0,97 €	Frankreich
0,96 €	Österreich
0,93 €	Niederlande
0,87 €	Großbritannien
0,84 €	Schweden
0,74 €	Dänemark
0,72 €	Norwegen
0,63 €	Schweiz

Deutschland 1,00 €

aus: OECD, Stand April 2017

<u>Nominalwert</u> = der auf Münzen/Banknoten aufgedruckte Wert
<u>Tauschwert</u>   = gibt an, welche Güter man eintauschen kann
         = hat Einfluss auf das Wirtschaftsgeschehen

<u>Lohnkaufkraft</u>

(hier: aufgewendete Arbeitsminuten eines Industriearbeiters zum Erwerb folgender Güter)

	1 kg Brot	1 l Voll-milch	250 g Butter	250 g Kaffee	500 g Kotelett	5 kWh Strom	5 l Benzin
1938	30	17	60	100	80	70	150
1958	22	11	45	125	74	25	80
1991	10	4	6	11	17	5	20

Der Wert des Geldes kann nicht an **einem** einzigen Gut gemessen werden.

- Der Preis für Taschenrechner ist ständig gesunken.
- Der Preis für Benzin schwankt ständig.
- Der Preis für Schokolade ist seit 1948 (für eine DM etwa drei Tafeln Schokolade) gestiegen.

Der Wert des Euro kann nur im Verhältnis zu allen Gütern bestimmt werden:

$$\text{Preisniveau} = \frac{\text{im Umlauf befindliche Geldmenge}}{\text{angebotene Gütermenge}}$$

Das Preisniveau gibt die durchschnittliche Höhe aller Preise in der Volkswirtschaft an.

→ steigt das Preisniveau, verliert das Geld an Wert
→ sinkt das Preisniveau, steigt der Wert des Geldes

Die **Kaufkraft** (= Geldwert) ist die **Geld**summe, über die ein Wirtschaftssubjekt verfügt (Einkommen + Kredit). Volkswirtschaftlich betrachtet ist es die **Güter**menge, die mit einer Geldeinheit gekauft werden kann (Güterpreis des Geldes), sie gibt den Wert des Geldes an.

Die Kaufkraft steht nicht absolut fest, sondern ist abhängig von der umlaufenden Geldmenge und vom Warenvorrat.

Die Kaufkraft ist der umgekehrte (reziproke) Wert des Preisniveaus:

$$\text{Kaufkraft} = \frac{\text{angebotene Gütermenge}}{\text{im Umlauf befindliche Geldmenge}}$$

→ steigt das Preisniveau, dann sinkt die Kaufkraft des Geldes
                    dann sinkt der Geldwert
→ sinkt das Preisniveau, dann steigt die Kaufkraft des Geldes
                    dann steigt der Geldwert

→ Geldwertstabilität liegt vor, wenn mit einem Geldbetrag gleich viele Güter gekauft werden können wie zu einem früheren Zeitpunkt.

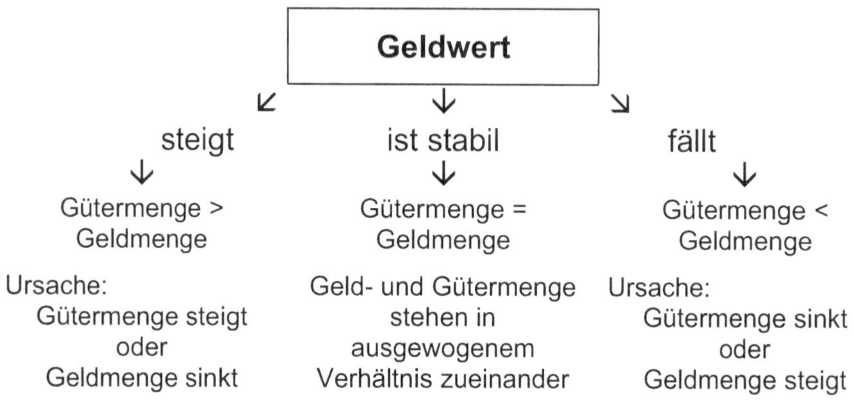

Gefürchtete Störungen des Geldwertes sind Inflation und Deflation.

Ermitteln des Geldwertes (statistisch): Das Statistische Bundesamt ermittelt anhand des Warenkorbs die Lebenshaltungskosten und vergleicht diese mit denen des Vormonats und Vorjahres.

Ermitteln des Geldwertes (rechnerisch):

Wert aller Güter	=	Preisniveau • Handelsvolumen
W	=	P • H

Wert aller Zahlungen	=	Geldmenge • Umlaufgeschwindigkeit
Z	=	G • U

Z	=	W

G • U	**=**	**P • H**

Der kanadische Mathematiker Simon NEWCOMB (1835 – 1909)
formulierte die Gleichung:

$$G \cdot U = H \cdot P$$

G ... Geldmenge
U ... Umlaufgeschwindigkeit des Geldes
(durchschnittliche Häufigkeit, mit der die Geldmenge in einer Volkswirtschaft in einer Periode geschäftliche Aktionen finanziert)
→ G · U ... Geldvolumen
H ... Handelsvolumen (die in einer Periode gehandelte Gütermenge)
P ... durchschnittliche Preisniveau

z. B.:   G = 30 Mrd. Rechnungseinheiten (RE)
U = 10
H = 300 Mrd. RE
P = 1

Wird im Folgejahr die Geldmenge um 20 % auf 36 Mrd. RE vermehrt und nimmt die Umlaufgeschwindigkeit um 10 % zu, so muss – bei konstantem Handelsvolumen – das Preisniveau um 32 % auf 1,32 steigen.

Mit der Änderung der Zahlungsgewohnheiten wurde es notwendig, auch das Buchgeld in der Gleichung zu berücksichtigen. Der amerikanische Ökonom Irving FISHER (1867 – 1947) formulierte deshalb 1922 die sog. Verkehrsgleichung:

$$G \cdot U + G' \cdot U' = H \cdot P$$

G   ... Bargeldmenge
G'   ... Buchgeldmenge
U   ... Umlaufgeschwindigkeit des Bargeldes
U'   ... Umlaufgeschwindigkeit des Buchgeldes

<u>Aber:</u> Bei den verschiedenen Gütern finden unterschiedliche Preisveränderungen statt!

Der Preisindex für Nahrungsmittel stieg 1981 ggb. dem Vorjahr um 5,4 %.

Rindfleisch	3,4 %
Fische und Fischwaren	4,0 %
Schweinefleisch	4,4 %
Käse	4,5 %
Geflügel	5,3 %
Brot	5,7 %
Butter	6,3 %
Obst	9,1 %
Eier	10,4 %
Kartoffeln	11,2 %
Gemüse	13,0 %

Der Preisindex für Nahrungsmittel (5,4 %) stieg damit langsamer als die Teuerungsrate der gesamten Lebenshaltungskosten (5,9 %).

50.) In der Bundesrepublik Deutschland lagen 1949 die durchschnittlichen Stundenlöhne bei 1,20 DM. Um einen richtigen Vergleich zwischen damals und heute herstellen zu können, müssen die Löhne und Preise ins Verhältnis gesetzt werden. Ermitteln Sie deshalb die damaligen Preise und die heute notwendige Arbeitszeit, die ein Arbeiter für ein gewünschtes Produkt arbeiten muss!

	damals (Stundenlohn: 1,20 DM)		heute (Stundenlohn: 20,00 DM)	
	Preis in DM	Arbeitszeit	Preis in DM	Arbeitszeit
1 kg Bohnenkaffee	**26,40**	22 Stunden	14,00	**42 Minuten**
ein Ei	**0,40**	20 Minuten	0,30	**54 Sekunden**
ein Brathähnchen	**6,00**	5 Stunden	4,00	**12 Minuten**
1 kg Butter	**4,80**	4 Stunden	8,00	**24 Minuten**
eine Zigarette	**0,10**	5 Minuten	0,25	**45 Sekunden**
0,2 l Mineralwasser	**0,30**	15 Minuten	2,80	**8,4 Minuten**

51.) Nach einem Schiffsuntergang retten sich die Passagiere auf eine Insel, deren Wirtschaftsleben wie folgt organisiert ist:
- Jeder gibt seinen vollen Tageslohn für Bananen aus.
- Bananen sind das einzig knappe Gut.
- Es existiert eine Geldwährung.
a)   Berechnen Sie den jeweiligen Bananentagespreis!
b)   Ergänzen Sie die Begriffe **Geldmenge** und **Handelsvolumen**!
c)   Nennen Sie die Ursachen für die Preisänderungen!
d)   Vervollständigen Sie die Aussagen durch die Begriffe **steigt** und **sinkt**!

a)

Wochentag	Summe der Tageslöhne (Geldmenge)	Tagesernte (Handelsmenge)	Preis je Banane
Montag	100,--	200 Stück	**0,50**
Dienstag	120,--	200 Stück	**0,60**
Mittwoch	50,--	200 Stück	**0,25**
Donnerstag	100,--	200 Stück	**0,50**
Freitag	100,--	250 Stück	**0,40**
Samstag	100,--	100 Stück	**1,00**

b)   Preis je Gütereinheit $= \dfrac{\textbf{Geldmenge}}{\textbf{Handelsvolumen}}$

c)

Wochentag	Ursache der Preisveränderung
Montag → Dienstag	Verändern der **Geldmenge**
Dienstag → Mittwoch	Verändern der **Geldmenge**
Mittwoch → Donnerstag	Verändern der **Geldmenge**
Donnerstag → Freitag	Verändern der **Handelsmenge**
Freitag → Samstag	Verändern der **Handelsmenge**

d)

Steigt bei konstantem Preis das Handelsvolumen, so	**sinkt**	der Güterpreis.
Sinkt bei konstantem Preis das Handelsvolumen, so	**steigt**	der Güterpreis.
Steigt bei konstantem Handelsvolumen die Geldmenge, so	**steigt**	der Güterpreis.
Sinkt bei konstantem Handelsvolumen die Geldmenge, so	**sinkt**	der Güterpreis.

52.)	Auf einem Markt bieten vier Gemüsehändler ihre Waren feil. Jeder von ihnen bietet genau eine Gemüseart an: Tomaten, Kartoffeln, Erbsen, Bohnen. Da sich an diesem Tag kein Käufer blicken lässt, beginnen die Händler zunächst ihren eigenen Bedarf untereinander zu decken. Zufällig verfügt der Tomatenhändler über Bargeld in Höhe von 5,00 Euro. Folgende Geschäfte werden abgewickelt:

Käufer	Ware	Menge	Preis je kg	Umsatz
Tomatenhändler	Kartoffeln	20,0 kg	0,25 Euro	**5,00 Euro**
Kartoffelhändler	Erbsen	2,5 kg	2,00 Euro	**5,00 Euro**
Erbsenhändler	Bohnen	2,5 kg	2,00 Euro	**5,00 Euro**
Bohnenhändler	Tomaten	5,0 kg	1,00 Euro	**5,00 Euro**
Handelsvolumen		**30,0 kg**	Gesamt- umsatz	**20,00 Euro**

a) Berechnen Sie die jeweiligen Umsätze, das Handels- volumen und den Gesamtumsatz!

b) Tragen Sie in die untere Abbildung die jeweiligen Waren- und Geldströme ein!

c) Welche Größen erfassen der äußere und der innere Strom?

c)   innerer Strom: **Warenstrom (Handelsvolumen)**
      äußerer Strom: **Geldstrom**

3.4 Der Warenkorb

Aus dem Angebot an Gütern und Dienstleistungen werden etwa 750 ausgewählt, die den gesamten Verbrauch der privaten Haushalte sowie die Preisentwicklung der Güter repräsentieren. Diese ausgewählten Güter heißen Warenkorb.

Mit dem Konsumverhalten ändert sich der Warenkorb. Die Güterauswahl wird alle fünf Jahre auf aktuelle Verbrauchergewohnheiten überprüft. Mit der Umstellung auf den Warenkorb 2000 kamen hinzu: fertige Nahrungsmittel, Scanner, Laserdrucker, Digitalkameras, DSL-Verbindungen für Internet, Blutmessgeräte, Pizza-Service, Fahrradreparatur, Sonnen- und Fitnessstudio, CD-Rohlinge, Druckerpapier, Farbpatrone, Allzweckreiniger, Laminat-Fertigboden-Paneele, Kinderkrippen, Pflege- und Altenwohnheime, ambulante Pflege, Essen auf Rädern. Herausgefallen sind Kaffeefilter (Kunststoff), Dia-Projektoren, Schreibmaschinen, Disketten, Schreibmaschinenpapier, Farbband, Fußbodenpflegemittel, PVC-Bodenbelag.

	Warenkorb 1995	Warenkorb 2000
Nahrungsmittel und alkoholfreie Getränke	13,126 %	10,335 %
Alkoholische Getränke, Tabakwaren	4,167 %	3,673 %
Bekleidung und Schuhe	6,876 %	5,509 %
Wohnung, Wasser, Strom, Gas, Brennstoffe	27,477 %	30,266 %
Einrichtungsgegenstände (Möbel) und Haushalt (Geräte)	7,056 %	6,854 %
Gesundheitspflege	3,439 %	3,546 %
Verkehr	13,882 %	13,865 %
Nachrichtenübermittlung	2,266 %	2,521 %
Freizeit, Unterhaltung und Kultur	10,357 %	11,085 %
Bildungswesen	0,651 %	0,666 %
Beherbergungs- und Gaststättendienstleistungen	4,608 %	4,657 %
andere Waren und Dienstleistungen	6,095 %	7,023 %

Konsumausgaben im Ost-West-Vergleich:

1976	1980	Warenkorb (4-Personen-Haushalt) Monatsverbrauch (100 %)	1984	1984 DDR	1986
2.326,-	2.665,-		2.850,-	1.650,-	3.595,-
26,6 %	24,9 %	Ernährung, Getränke	20,2 %	29,9 %	24,7 %
		Genussmittel (Tabak, ...)	6,3 %	11,1 %	
13,3 %	14,8 %	Miete	24,0 %	5,9 %	25,9 %
4,9 %	6,5 %	Heizung, Strom, Gas			
14,8 %	14,3 %	Verkehr, Post, Auto	15,6 %	9,5 %	15,8 %
9,6 %	9,4 %	persönl. Ausstatt., Versich.,...	7,2 %	6,4 %	3,4 %
8,8 %	9,4 %	Möbel, Hausrat u. a.	8,5 %	10,9 %	8,7 %
9,1 %	8,5 %	Bildung, Freizeit, Unterhaltung	7,9 %	11,6 %	9,9 %
8,6 %	8,2 %	Bekleidung, Schuhe	7,7 %	11,7 %	8,8 %
4,3 %	4,0 %	Körperpflege, Gesundheit	2,6 %	3,0 %	2,9 %

Der Anstieg der Verbraucherpreise wird am Preis für den
Warenkorb gemessen, den Durchschnittshaushalte kaufen.

53.) Ermitteln Sie für folgende fünf Güter den Preisindex im
Berichtsjahr sowie die Preissteigerungsraten!

Waren	Preise im		Monats- ver- brauch	Wert Warenkorb	
	Basis- jahr p°	Berichts- jahr p'	q	Basis- jahr $p^\circ \cdot q$	Berichts- jahr $p' \cdot q$
Wurst (1 kg)	31,20 €	32,50 €	3	**93,60 €**	**97,50 €**
ein Kasten Bier	23,00 €	25,00 €	1	**23,00 €**	**25,00 €**
ein Brot (1 kg)	1,50 €	1,80 €	5	**7,50 €**	**9,00 €**
Fisch (1 kg)	12,00 €	14,00 €	2	**24,00 €**	**28,00 €**
ein Kasten Sprite	16,80 €	17,50 €	4	**67,20 €**	**70,00 €**
				215,30 €	**229,50 €**

<u>Preisindex:</u> 215,30 € = 100 %

229,50 € = x   x = **106,60 €**

<u>Preissteigerungsraten:</u>	Preise im		Preis- steigerung
	Basisjahr	Basisjahr	
Wurst (1 kg)	31,20 €	32,50 €	**104,17 %**
ein Kasten Bier	23,00 €	25,00 €	**108,70 %**
ein Brot (1 kg)	1,50 €	1,80 €	**120,00 %**
Fisch (1 kg)	12,00 €	14,00 €	**116,67 %**
ein Kasten Sprite	16,80 €	17,50 €	**104,17 %**
einfaches arithmetisches Mittel Ø =			**110,74 %**

54.) | Der Preisindex für die Lebenshaltung bezieht sich immer auf ein Basisjahr. Dieses Basisjahr bildet den Ausgangspunkt für die Aufstellung des Warenkorbs. Das Basisjahr wird 100 % (= Index 100) gesetzt. Um die Preissteigerungsrate eines Jahres zu ermitteln, bezieht man den Lebenshaltungskostenindex des betreffenden Jahres auf den Index des Vorjahres und errechnet so die prozentuale Veränderung. Ermitteln Sie die Preissteigerung für das Jahr 1989 ggb. dem Vorjahr!

	1985	1986	1987	1988	1989
Index	100	99,9	100,1	101,4	104,2
Preissteigerung ggb. dem Vorjahr	Basisjahr	-0,1 %	0,2 %	1,3 %	**2,8 %**

$$101,4 = 100 \%$$
$$104,2 = x$$

$$x = \frac{100 \% \cdot 104,2}{101,4} = 102,76 \%$$

um **2,8 %**

55.) | Die Tabelle enthält die Preissteigerungsraten für die Jahre 1985 bis 1992, bezogen jeweils auf das Vorjahr. Ermitteln Sie die fehlenden Zahlen für den Lebenshaltungskostenindex, wenn zunächst 1985 das Basisjahr ist (erste Zeile), dann 1986 (zweite Zeile), usw.!

	1985	1986	1987	1988	1989	1990	1991	1992
Preissteigerung	2,0 %	-0,1 %	0,2 %	1,3 %	2,8 %	2,7 %	3,5 %	4,0 %
Index für die Lebenshaltungskosten	**100**	99,9	100,1	101,4	104,2	107,0	110,7	115,1
	100,1	**100**	100,2	101,5	104,3	107,1	110,8	115,2
	99,9	99,8	**100**	101,3	104,1	106,9	110,6	115,0
	98,6	98,5	98,7	**100**	102,8	105,6	109,3	113,7
	96,1	96,0	96,1	97,3	**100**	102,7	106,3	110,6
	93,4	93,3	93,5	94,7	97,4	**100**	103,5	107,6
	90,2	90,1	90,3	91,5	94,1	96,6	**100**	104,0
	86,8	86,7	86,9	88,0	90,5	92,9	96,2	**100**

56.)	Das Statistische Bundesamt in Wiesbaden ermittelt laufend die Preise für einen Warenkorb, den z. B. eine Familie mit mittlerem Einkommen verbraucht. Im Vergleich zum Vormonat, zum Vorjahr oder zu einem Basisjahr (hier: 1988) werden der Preisindex und die Inflationsrate ermittelt. Berechnen Sie für das folgende Beispiel die Preisänderungen und den Preisindex!

	1988	1989	1990	1991
Preis des Warenkorbs	3.309 DM	3.325 DM	3.452 DM	3.773 DM
Preisveränderung ggb. Vorjahr	–	**0,5 %**	**3,8 %**	9,3 %
Preisveränderung ggb. Basisjahr	–	**0,5 %**	4,3 %	**14,0 %**
Preisindex	**100**	100,5	**104,3**	**114,0**

Das Bestimmen des Preisindexes ist nur mit gleichen Waren-
körben möglich.
Der Warenkorb stellt einen statistischen Durchschnitt dar.
Der Inhalt des Warenkorbs ist von der Einkommenshöhe
abhängig.

Das Statistische Bundesamt berechnet den ...
- Preisindex für Lebenshaltung,
- Preisindex für industrielle Erzeugnisse,
- Preisindex für Importgüter,
- Preisindex für Einzelhandelspreise,
- Preisindex für Grundstoffpreise.

Die Preisindizes geben die Entwicklung der Kaufkraft des
Geldes nur beschränkt wider, da Qualitätsunterschiede (Auto,
Elektronik), neue Güter (Heimelektronik, Südfrüchte, Auto),
Veränderungen in den Verbrauchereigenschaften (erhöhte Aus-
gaben für größere, komfortablere Wohnungen, Urlaubsziele)
statistisch nur schwer erfassbar sind.

Bisherige Basisjahre waren 1950, 1958, 1962, 1970, 1976, 1980, 1985, 1991 und 1995, 2000, 2005, 2010 und 2015. Geplant sind Basisjahre aller fünf Jahre.
(1990 war dies aufgrund der Währungsunion am 1. Juli 1990 nicht möglich.)

	1995	2000	2005	2010
Nahrungsmittel und alkoholfreie Getränke	13,1 %	10,3 %	10,4 %	10,3 %
Alkoholische Getränke und Tabakwaren	4,2 %	3,7 %	3,9 %	3,8 %
Bekleidung und Schuhe	6,9 %	5,5 %	4,9 %	4,5 %
Wohnung, Wasser, Gas, Brennstoff	27,5 %	30,2 %	30,8 %	31,7 %
Möbel, Leuchten, Geräte, Haushaltszubehör	7,1 %	6,9 %	5,6 %	5,0 %
Gesundheitspflege	3,4 %	3,5 %	4,0 %	4,4 %
Verkehr	13,9 %	13,9 %	13,2 %	13,5 %
Nachrichtenübermittlung	2,3 %	2,5 %	3,1 %	3,0 %
Freizeit, Unterhaltung und Kultur	10,4 %	11,1 %	11,6 %	11,5 %
Bildungswesen	0,7 %	0,7 %	0,7 %	0,9 %
Beherbergungs- und Gaststättendienstleistungen	4,6 %	4,7 %	4,4 %	4,5 %
andere Waren und Dienstleistungen	6,1 %	7,0 %	7,4 %	7,0 %

	Verbraucher-preisindex	Inflations-rate			Verbraucher-preisindex	Inflations-rate
2019	105,2	1,3487 %		2005	86,2	1,5312 %
2018	103,8	1,7647 %		2004	84,9	1,6766 %
2017	102,0	1,4925 %		2003	83,5	1,0896 %
2016	100,5	0,5000 %		2002	82,6	1,3497 %
2015	**100,0**	0,5025 %		2001	81,5	2,0025 %
2014	99,5	1,0152 %		2000	79,9	1,3959 %
2013	98,5	1,4418 %		1999	78,8	0,6386 %
2012	97,1	1,9958 %		1998	78,3	0,9021 %
2011	95,2	2,1459 %		1997	77,6	1,9711 %
2010	93,2	1,0846 %		1996	76,1	1,3316 %
2009	92,2	0,3264 %		1995	75,1	1,7615 %
2008	91,9	2,5670 %		1994	73,8	2,6426 %
2007	89,6	2,2831 %		1993	71,9	4,5058 %
2006	87,6	1,6241 %		1992	68,8	5,0382 %

Quelle: Statistisches Bundesamt

Die Entwicklung des Preisindex lässt keine Aussage zu, ob sich der Lebensstandard verbessert oder verschlechtert hat. Dazu muss die Entwicklung der Nettolöhne betrachtet werden:

<u>Nominallohn</u> = Nettolohn, den der Arbeitnehmer zahlenmäßig erhält, z. B. 3.500 Euro.

<u>Reallohn</u> = Nominallohn unter Berücksichtigung der Kaufkraftveränderungen

53

3.5   <u>Die Geldwertschwankungen</u>

3.5.1   <u>Die Inflationsrate</u>

Die Notwendigkeit des Eingreifens der Bundesregierung ergibt sich aus dem Erfordernis, gesamtwirtschaftliche Fehlentwicklungen zu vermeiden.

Nach dem **Stabilitäts- und Wachstumsgesetz** (StWG) von 1967 besteht Stabilität, wenn die folgenden vier/ sechs Einzelziele gleichzeitig verwirklicht werden:

<u>"Magisches Viereck"</u>   **<u>"Magisches Sechseck"</u>**

(Nur ein Magier ist in der Lage, alle vier/sechs Ziele gleichzeitig in wünschenswerter Weise zu realisieren.)

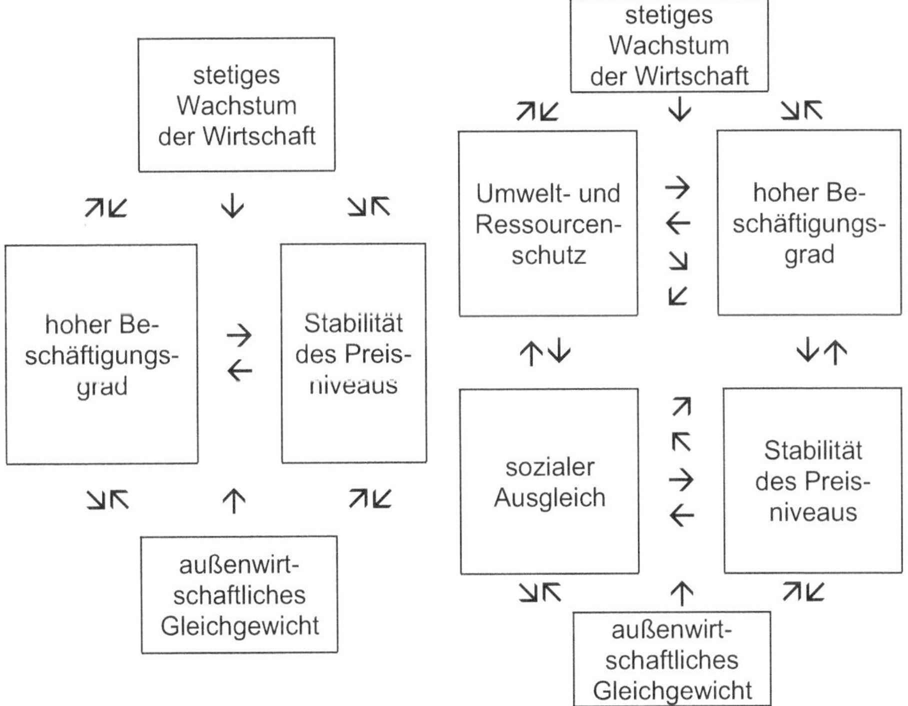

Innerhalb des Magischen Vierecks sind einzelne Ziele unvereinbar, andere ergänzen sich.

Mögliche Zielkonflikte ergeben sich aus dem gleichzeitigen
Streben nach
- Preisniveaustabilität und Vollbeschäftigung
- außenwirtschaftliches Gleichgewicht und Vollbeschäftigung
- Preisniveaustabilität und Wirtschaftswachstum

Die Größen der Stabilitätsindikatoren sind nicht im Gesetz festgelegt. Sie müssen Anfang jedes Jahres im Jahreswirtschafts-
bericht der Bundesregierung quantifiziert werden.

57.)	Was bedeutet Preisniveaustabilität?	
	1	Die Lebenshaltungskosten bleiben unverändert.
	2	Die Preise für Güter und Dienstleistungen bleiben konstant.
	3	Die Preise für Güter und Dienstleistungen ändern sich.
	4	Die Kaufkraft des Geldes bleibt konstant.
	5	Die Kaufkraft des Geldes erhöht sich.

4

Maßgeblicher Indikator für das Preisniveau ist die **Inflationsrate**:

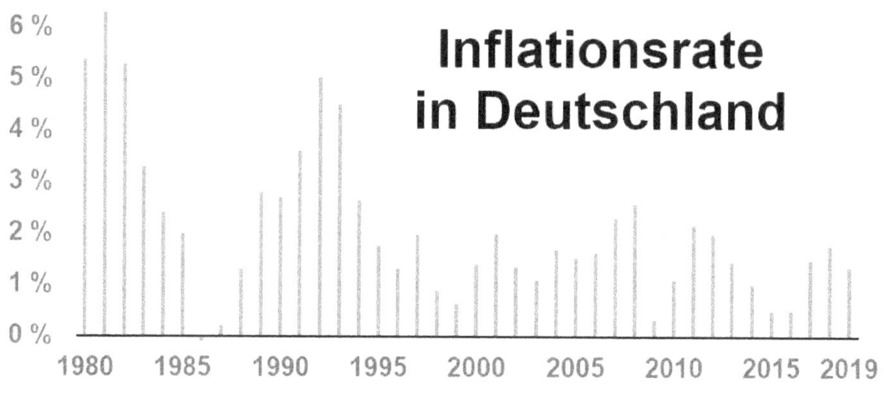

Die Inflationsrate wird ermittelt auf der Basis des Preisindex für
die Lebenshaltung der privaten Haushalte.
Ungleichgewichte im Geldwert führen zur **Inflation** (Geldwert
sinkt) und zur **Deflation** (Geldwert steigt).

Geringe Inflationsraten (in der Größenordnung bis max. 3 %) werden in der praktischen Wirtschaftspolitik noch als mit einem stabilen Preisniveau vereinbar angesehen.
1986 gab es in der BRD den seltenen Fall einer Deflation, als sich das Preisniveau ggb. dem Vorjahr um 0,1 % verringerte. Dies wurde begünstigt durch fallende Erdölpreise bei einem gleichzeitig abschwächenden Dollarkurs.

58.) Die Inflationsraten betrugen 1,35 % (2019), 1,76 % (2018), 1,49 % (2017), 0,50 % (2016), 0,50 % (2015), 1,02 % (2014), 1,44 % (2013), 2,00 % (2012), 2,15 % (2011) und 1,08 % (2010). Ermitteln Sie für diesen Zeitraum den Kaufkraftverlust! (2009 = 100 %)

Inflationsrate = 100 % · 1,0135 % · 1,0176 · 1,0149 · 1,005 · 1,005 · 1,0102 · 1,0144 · 1,02 · 1,0215 · 1,0108

= **114,0976 %**

Kaufkraftverlust: Jahr 2009: 100,00 % = 100 %

Jahr 2019: 114,0976 % = x

$$x = \frac{100\ \% \cdot 100\ \%}{114,0976\ \%} = \mathbf{87,64424}$$

Die Kaufkraft sank **auf 87,64 %**, **um 12,36 %**.

59.) Ermitteln Sie den Kaufkraftverlust in den letzten 5 Jahren!

Inflationsrate = 100 % · 1,0135 % · 1,0176 · 1,0149 · 1,005 · 1,005 = **105,7198 %**

Kaufkraftverlust: Jahr 2014: 100,00 % = 100 %

Jahr 2019: 105,7198 % = x

$$x = \frac{100\ \% \cdot 100\ \%}{105,7198\ \%} = \mathbf{94,58968}$$

Die Kaufkraft sank **auf 94,59 %**, **um 5,41 %**.

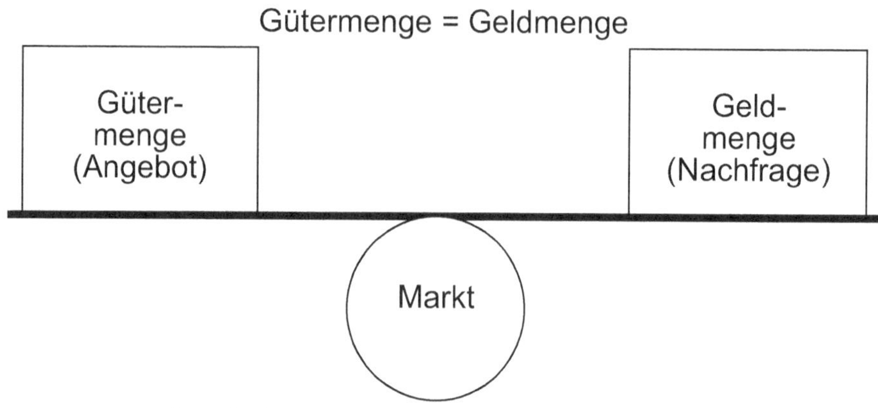

Gütermenge = Geldmenge
Güter-menge (Angebot)
Geld-menge (Nachfrage)
Markt
stabiler Geldwert und gleich bleibende Kaufkraft

Gütermenge < Geldmenge
Güter-menge (Angebot)
Geld-menge (Nachfrage)
Markt
Inflation

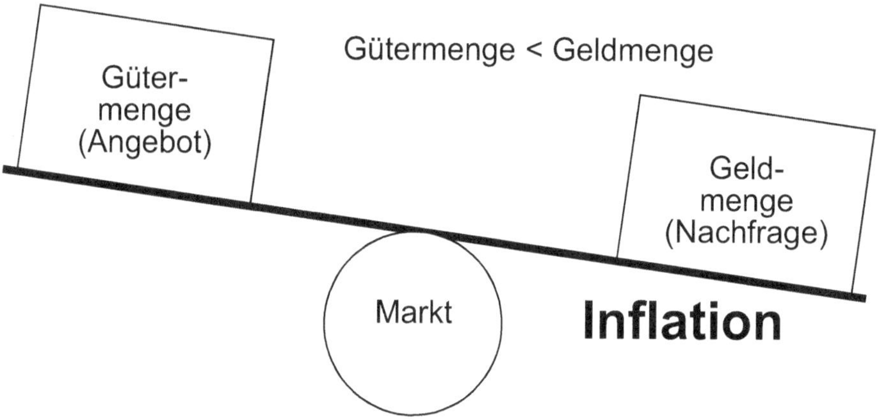

Gütermenge > Geldmenge 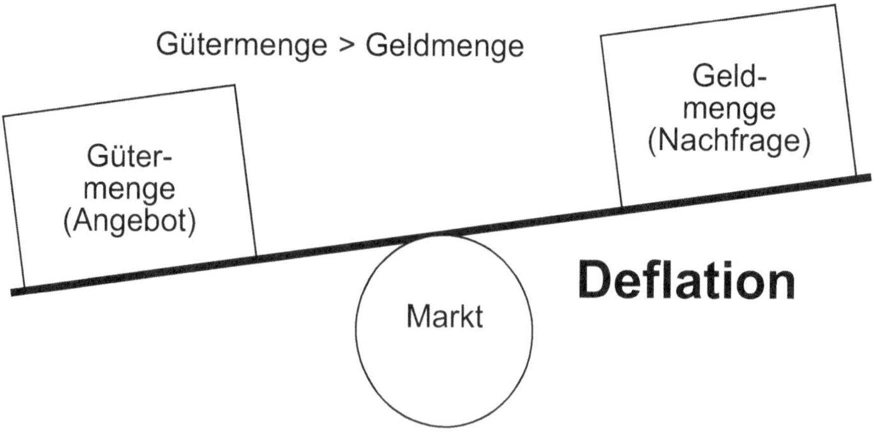
Güter-menge (Angebot)
Geld-menge (Nachfrage)
Markt
Deflation

3.5.2   <u>Die Inflation</u>

... ist die Überversorgung der Volkswirtschaft mit Geld. („Aufblähung" der Geldmenge)
... erhöht die Geldmenge über das zum Güterumsatz erforderliche Maß. (Gütermenge < Geldmenge)
... ist das ständige Ansteigen des Preisniveaus. (ständiges Sinken der Kaufkraft)

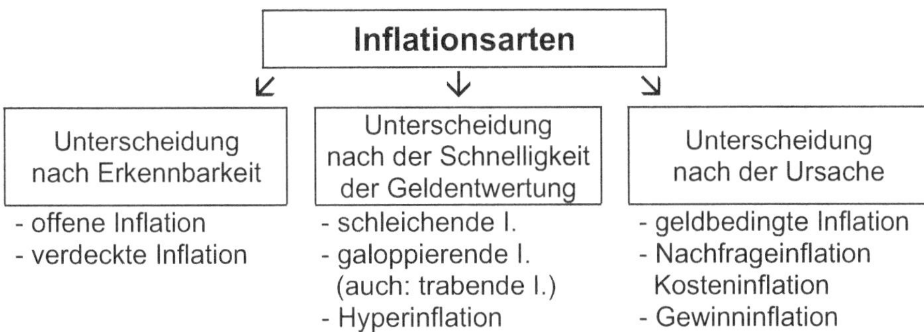

<u>offene Inflation:</u>
Preissteigerungen sind für alle Wirtschaftssubjekte sichtbar
z. B. Inflation in Deutschland 1923 nach unmäßiger Geldmengenvermehrung durch die damaligen Regierungen

	Zahlungsmittelumlauf in Mrd. Reichsmark	Dollarkurs in Reichsmark
Kriegsausbruch 1914	etwa 6,0	4,20
Ende Januar 1919	23,6	8,57
Ende Dezember 1919	35,7	49,80
Ende Dezember 1920	68,8	74,50
Ende Juli 1921	77,4	81,00
Ende Dezember 1921	113,7	190,00
Ende April 1922	140,4	283,00
Ende Juli 1922	189,8	644,00
Ende Dezember 1922	1.280,1	7.260,00
Ende Januar 1923	1.984,5	41.500,00
Ende März 1923	5.517,9	21.100,00
Ende Mai 1923	8.563,7	74.750,00
Ende Juli 1923	43.594,7	1.100.000,00
Ende September 1923	28.228.815,5	242.000.000,00
9.10.1923		über eine Mrd.
20.11.1923	400.267.640.301,9	4,2 Billionen

Briefporto in Deutschland 1923:

15.1.	50 RM	1.9.	75.000 RM	1.11.	100 Mio. RM
1.3.	100 RM	20.9.	250.000 RM	5.11.	1 Mrd. RM
1.7.	300 RM	1.10.	2 Mio. RM	12.11.	10 Mrd. RM
1.8.	1.000 RM	10.10.	5 Mio. RM	20.11.	20 Mrd. RM
24.8.	20.000 RM	30.10.	10 Mio. RM	26.11.	80 Mrd. RM

Die Entwicklung der Kurse am Devisenmarkt war nur Symptom und nicht die Krise selbst. Der Keim für die schwerste Inflation der Geschichte wurde bereits in den ersten Kriegstagen gelegt. Schon einen Tag vor Ausbruch des 1. Weltkrieges im August 1914 wurde die Verpflichtung der Reichsbank aufgehoben, Banknoten auf Verlangen jederzeit in Gold einzulösen. Damit war der Damm gegen eine inflationäre Ausweitung der Geldmenge gebrochen. Die Reichsbank brauchte keine Angst mehr vor einem Ausverkauf ihrer Goldreserven zu haben.

Da es die Reichsregierung nicht wagte und nicht für nötig hielt, die Kriegsausgaben mit Steuern zu finanzieren – die sollten später die Besiegten zahlen – wurden die Notenpresse in Gang gesetzt und Anleihen ausgegeben, die in vaterländischer Begeisterung gekauft wurden. Der Staat verpflichtete sich, die Anleihen zu verzinsen und später zurückzuzahlen. Er gaukelte den Bürgern vor, der Krieg sei ein Geschäft, an dem auch „die kleinen Leute" verdienen könnten.

Doch der Staat tat genau das Gegenteil dessen, was ein solider Geschäftsmann mit geliehenem Geld tut. Statt es produktiv anzulegen, wurde es im wahrsten Sinne des Wortes auf den Schlachtfeldern verpulvert, wurden Kanonen, Granaten und der schmale Sold für die Soldaten finanziert. Das fehlende Geld ließ der Staat einfach nachdrucken.

Während des Krieges stiegen die Preise nur mäßig, weil das Geld für die erhoffte schöne Zeit nach dem Sieg gehortet wurde. Ende 1918 war dieser Traum ausgeträumt, die enttäuschte Bevölkerung war nicht mehr bereit, Staatsanleihen zu kaufen. Wieder wagte es die Reichsregierung nicht, die Steuern zu erhöhen, ... und betätigte die Notenpresse.

Die ständige Geldvermehrung sowie die Reparationszahlungen führten in den ersten Nachkriegsjahren zu starken Preissteigerungen und Wertverlusten der Reichsmark (siehe Dollarkurs).

Der Todesstoß wurde der inflationären Reichsmark versetzt, als der französische Regierungschef Raimond Poincaré (1860 – 1934) fürchtete, Deutschland verzögere die Reparationszahlungen (insgesamt 154 Mrd. Reichsmark Kriegsschulden!), und am 11. Januar 1923 das Ruhrgebiet – Herz der deutschen Industrie – als „produktives Pfand" besetzen ließ. Darauf legten Arbeiter, Beamte und Angestellte einmütig die Arbeit nieder. Das Deutsche Reich musste – trotz völlig zerrütteter Finanzen – die Millionenbevölkerung des Ruhrgebietes durch Hilfszahlungen vor dem Verhungern schützen. Da die Reichsregierung nun erst recht nicht wagte, in dieser Notsituation die Steuern zu erhöhen, ließ sie die Notenpresse noch schneller laufen ...

Reichsbanknote vom 20. Oktober 1923

Auf dem Höhepunkt der Geldentwertung arbeiteten 30 Papierfabriken und 133 Druckereien mit mehr als 1.700 Notenpressen Tag und Nacht allein für den Banknotendruck!

Während dieser akuten Krise um die Reichseinheit vergrößerte sich die Bereitschaft zur Errichtung einer Militärdiktatur. So wollte Adolf Hitler (1889 – 1945) mit seinem Putschversuch vom 8./9. November 1923 die chaotische Lage in seinem Sinne ausnutzen.

Der Versuch, mit Waffengewalt die Macht in Deutschland zu übernehmen, scheiterte. In den folgenden Jahren strebt er auf parlamentarischem Weg die Machtübernahme an.

1925 erscheint „Mein Kampf"

Wahlplakat von 1932

Mit der Währungsreform am 15.11.1923 trat eine neue Währungsordnung in Kraft, die Reichsregierung bereitete dem Spuk endlich ein Ende. Der neue Finanzminister Hans LUTHER (1879 – 1962), beraten vom späteren Reichsbankpräsidenten Hjalmar SCHACHT (1877 – 1970) und dem zurückgetretenen Reichsfinanzminister Rudolf HILFERDING (1877 – 1941), strich 12 Nullen vom Geldwert. Die alten Scheine verloren ihre Gültigkeit und wurden im Verhältnis eine „Rentenmark" zu einer Billion Reichsmark eingezogen, die Notenpressen wurden gestoppt. Es wurde eine streng begrenzte Menge neuen Geldes ausgegeben, deren Wertsicherung der gesamte deutsche Grundbesitz war. Der Kurs für einen Dollar wurde auf 4,2 Billionen Papiermark (= 4,20 Rentenmark) festgesetzt. Weil nicht genügend neue Rentenmarkscheine zur Verfügung standen, liefen einige Notgeld- und Inflationsscheine, zumeist wertbeständiges Notgeld, noch bis Mitte 1924 um.

Während die Inflation für Millionen Menschen ein traumatisches Erlebnis war, gab es auch Gewinner. Die Reichsbank stellte der Industrie laufend kurzfristige Kredite aus der vermehrten Banknotenausgabe zur Verfügung. Dadurch konnten viele Unternehmen ihren Besitz mithilfe der fortschreitenden Geldentwertung erweitern. So baute der Großindustrielle Hugo STINNES (1870 – 1924) durch die Aufnahme hoher Schulden ein Wirtschaftsimperium auf. Gemäß dem Grundsatz „Mark =

Mark" wurden Kredite, die in höherwertigem Geld aufgenommen worden waren, etwas später mit entwertetem Geld zurückgezahlt. Schulden lösten sich im Nichts auf. Der Stinnes-Konzern umfasste schließlich 1.535 Unternehmen mit 2.888 Betriebsstätten von der Rohstoffförderung bis zur Fertigproduktion. Ein noch größerer Gewinner war jedoch der Staat. Die Kriegsschulden betrugen bei der Währungsumstellung am 15. November 1923 nur noch 16,4 Pfennige. Am Ende der Inflation war der Papierwert der bisherigen Geldscheine größer als die Kaufkraft ihres Nennwertes. So nutzten viele die Scheine zweckfremd und überdruckten sie zu Eintrittskarten, Mitgliederausweisen, Quittungen oder Festtagsglückwünschen.

verdeckte Inflation:

- staatliche Höchst- und/oder Mindestpreise, die aber nicht den tatsächlichen Marktverhältnissen entsprechen

- Das Preisniveau wird kaum beeinflusst.

- Konsumenten können wegen des Nachfrageüberschusses die Güter nicht zu den „normalen" Preisen kaufen.

- Staat muss rationieren, Lebensmittelkarten und Bezugsscheine ausgeben.

z. B.: Inflation in Deutschland 1939 bis 1948
  - Preise und Löhne wurden durch den Staat vorgeschrieben
  - „schwarze Märkte" entstanden, auf denen die Waren gesetzwidrig zu Wucherpreisen gehandelt wurden
  - Schwarzmarktpreise 1947 (in Reichsmark):

Berlin im März 1947		Stuttgart im März 1947	
20 Zigaretten	150	20 Zigaretten	85
1 kg Kaffee	1.100	1 kg Kaffee	600
¾ Liter Schnaps	150	1 Liter Schnaps	300
1 Ei	12	1 kg Zucker	170
		1 kg Mehl	45

In Deutschland gab es zwischen 1933 und 1948 eine verdeckte Inflation. Ursache war der verständliche Wunsch, die schlimmste Begleiterscheinung der Weltwirtschaftskrise zu bekämpfen: die Millionenarbeitslosigkeit. Die aktive Beschäftigungspolitik

begann 1932 nach dem Regierungsantritt Franz VON PAPENS
(1879 – 1969). Sein Programm umfasste öffentliche Aufträge in
Höhe von 300 Mio. Reichsmark, jeweils 400 Reichsmark
Lohnprämie an die Unternehmen für jeden zusätzlich ein-
gestellten Arbeiter und Steuergutscheine für Unternehmen.
Damit waren schon vor dem 30. Januar 1933 die konjunktur-
politischen Weichen gestellt!
Die wichtigsten Arbeitsbeschaffungsmaßnahmen waren ...
- die Aufhebung der Kfz.-steuer für Neuwagen (April 1933),
- die Subventionierung von Tiefbauarbeiten der Länder und
  Gemeinden,
- die Subventionierung von Baumaßnahmen an Wohn- und
  Wirtschaftsgebäuden,
- die Gewährung von Baudarlehen an Gebietskörperschaften,
- die Gewährung von Ehestandsdarlehen zum Kauf von
  Möbeln und Hausrat,
- Steuerbegünstigungen für Ersatzinvestitionen,
- Steuerermäßigungen für die Beschäftigung von Haus-
  angestellten
- der Beginn des Autobahnbaus.

Zahl der Arbeitslosen in Deutschland:　　rund 6 Mio.　(Januar 1933)
　　　　　　　　　　　　　　　　　　　　　　　2,3 Mio.　(Oktober 1934)
　　　　　　　　　　　　　　　　　　　　　　　1,8 Mio.　(Oktober 1935)
　　　　　　　　　　　　　　　　　　　　　　rund 1 Mio.　(Oktober 1936)

Ab Frühjahr 1934 wurde die Politik der Anregung der privaten
Investitionstätigkeit immer mehr zugunsten steigender
Rüstungsausgaben aufgegeben.
Als die zunehmenden Rüstungsausgaben stärkere inflationäre
Erscheinungen erwarten ließen, wurde im November 1936 ein
allgemeiner Preisstopp verfügt. Dieser Preisstopp lief auf ein
Blockieren des Preismechanismus hinaus.

In einem Schreiben an den Führer und Reichskanzler Adolf
HITLER (1889 – 1945) kritisierte das Reichsbankdirektorium „die
hemmungslose Ausgabenpolitik“ und „das unbegrenzte An-
schwellen der Staatsausgaben“, die „die Staatsfinanzen an den
Rand des Zusammenbruchs“ brachte.

Am 17. August 1939 wurde durch die „Verordnung zur Sicherstellung des lebenswichtigen Bedarfs" ein Bezugsscheinsystem für alle wichtigen Konsumgüter eingeführt. Bekleidung, Lebensmittel und Brennstoffe konnten von der Bevölkerung nur noch in zugeteilten Mengen erworben werden. Die überflüssige Kaufkraft wanderte auf Sparkonten, wurde in Lebensversicherungen eingesetzt oder in vom Staat inszenierten Spendenaktionen (z. B. Winterhilfe) abgeschöpft. Zur Finanzierung der Kriegskosten bediente sich die damalige Reichsregierung der Notenpresse. Vom 31.7.1936 bis zum 7.3.1945 stieg der Banknotenumlauf von 4,5 auf 56,4 Mrd. Reichsmark.

Nach dem Krieg waren große Teile des Produktions- und Transportapparates zerstört, umfangreiche Betriebsmittel wurden durch die Besatzungsmächte demontiert. Dem stand ein riesiger Nachholebedarf an Konsumgütern gegenüber. Das Missverhältnis zwischen Angebot und Nachfrage zwang die Besatzungsregierungen, vorläufig das Bezugsscheinsystem und den Preis- und Lohnstopp beizubehalten. Das Aufblühen von Schwarzmärkten konnten sie nicht verhindern.

Vom 20. Juni 1948 an, dem Stichtag der Währungsreform, wurde das alte Geld aus dem Verkehr gezogen. Natürliche Personen erhielten gegen 60 Reichsmark (Altgeldnoten) einen Kopfbetrag von 40 Deutsche Mark. Wer ein Konto bei einer Bank besaß, erhielt im August 1948 noch einmal 20 DM. Für 100 Reichsmark wurden schließlich 6,50 DM gutgeschrieben. Wer mehr altes Geld besaß, konnte es vernichten.
Alle Spareinlagen und Guthaben wurden im Verhältnis 1:10 umgestellt.

<u>schleichende Inflation:</u>
- verhältnismäßig niedrige, aber lang anhaltende Preissteigerungen
- Die Preissteigerungsrate ist nicht höher als der Zinssatz für Spargelder.

galoppierende Inflation:

Die Preissteigerungsrate liegt über dem Zinssatz für langfristige Geldanlagen (ca. 6 bis 8 %), nähert sich der Zweistelligkeit.

Hyperinflation:

Die Preissteigerungsrate liegt über 50 %.

z. B.: Inflation in Deutschland von 1918 bis 1923

z. B.: Zwischen 1970 (100 %) und 1976 stieg der Preisindex für Lebenshaltung in Uruguay auf 2.179 %, in Argentinien auf 6.539 % und in Chile auf 86.565 %.

aus: „Sächsische Zeitung"
vom 15. Februar 2008

In Simbabwe steigt die Inflation auf 66 212 Prozent

Harare. Es klingt unglaublich, ist aber wahr: Der afrikanische Krisenstaat Simbabwe hat mit einer Inflation von 66 000 Prozent einen neuen Weltrekord aufgestellt.

Zwar macht das nationale Statistikamt seit September 2007 offiziell keine Angaben mehr zur Preissteigerung – die für den Vergleich nötigen Güter sind auf dem freien Markt nicht mehr zu bekommen. Doch aus dem Amt durchgesickerte und gestern bekannt gewordene Dokumente weisen die Inflation für Dezember 2007 mit nie da gewesenen 66 212 Prozent aus.

Der Internationale Währungsfonds schätzt sie seit Längerem bereits auf rund 150 000 Prozent. Eine Folge: Mit der im Januar in Umlauf gebrachten 10 000 Simbabwe-Dollar-Note konnten gerade mal acht Eier gekauft werden.

geldbedingte Inflation:

- gesamtwirtschaftlichen Nachfrageüberschuss
- Geldmenge nimmt stärker zu als die Gütermenge
- Gütermenge kann aber nicht weiter gesteigert werden

Nachfrageinflation:

- Staatsausgaben steigen stärker als die Staatseinnahmen (z. B. in Kriegszeiten)
- private Investitionsnachfrage ist größer als das Investitionsgüterangebot
- Exporte sind größer als die Importe (importierte Inflation)
- privater Verbrauch ist größer als das Konsumgüterangebot

Kosteninflation:
- Verteuerung der Produktionsfaktoren:
  Boden: Rohstoffe (Erdölpreise → importierte Kosten-
  inflation)
  Arbeit: Lohn-Preis-Spirale, wenn Löhne schneller als
  Produktivität steigen
  Kapital: Geräte, Maschinen, Produktionsgebäude usw.
- Umwälzung der Kosten auf den Preis bei hohem Marktanteil

Gewinninflation
- Die Unternehmen können einen bestimmten Gewinn-
  aufschlag festsetzen und den Preis auch auf dem Markt
  durchsetzen.
- Einflussnahme der Unternehmen auf die autonome Preisbildung (Das Bestimmen der Preise durch Angebot und
  Nachfrage wird eingeschränkt.)
- zunehmende Monopolisierung und Marktmacht erleichtern
  Gewinninflation

Folgen einer Inflation:
- Sparer erleiden Kaufkraftverluste, denn die Zinsen hinken
  den Preisanstiegen hinterher.
- Bezieher von festen Einkommen (z. B. Miete, Zins) erleiden
  Kaufkraftverluste, da der Inflationsausgleich erst zeitlich
  später folgt.
- Inflationäre Tendenzen führen zur Flucht in Sachwerte,
  Preise für Sachwerte steigen noch höher.
- Kleinsparer büßen ihr Vermögen ein.
  Unternehmer und Selbstständige investierten meist in Sach-
  werte.
  Die Vermögensverteilung verschiebt sich noch mehr zu-
  gunsten der Reichen.

- Geldschuldner sind Gewinner der Inflation, weil der Rück-
zahlungswert der Kredite sinkt: Der Staat ist der größte
Kreditnehmer (jährliche Vermögensumschichtungen zu-
gunsten des Staates in Milliardenhöhe).
- Für Unternehmen erhöht sich zunächst der Gewinn, da die
Löhne den Preisen hinterherhinken. Aber die unsichere
Zukunftsentwicklung bringt Fehlinvestitionen mit sich: Die
Investitionsneigung nimmt stark ab.

→ Das Wirtschaftswachstum geht zurück.

→ Arbeitsplatzverluste

→ Der soziale Frieden wird gefährdet.

3.5.3 Die Deflation

Der Gegensatz zur Inflation ist die Deflation. Sie ist in den Volkswirtschaften selten.

Bei der Deflation ist das Angebot an Gütern größer als die Nachfrage nach Gütern, die Preise fallen (anhaltendes Sinken des Preisniveaus) und die Kaufkraft steigt.

Eine Deflation kann ausgelöst werden durch

... rigoroses Kürzen der Staatsausgaben.

- → Rückgang der Staatsaufträge
- → rigorose Sparmaßnahmen
- → Staatsausgaben < Staatseinnahmen

z. B.: Die deflationäre Entwicklung in Deutschland 1930 bis 1932 brachte rund 6 Mio. Arbeitslose. Sie entstand dadurch, dass der damalige Reichskanzler Heinrich BRÜNING (1885 – 1970) den Staatshaushalt an das durch Exportrückgänge geschrumpfte Handelsvolumen laufend anpasste, indem er die Staatsausgaben drastisch senkte.

... pessimistische Zukunftserwartungen der Wirtschaftssubjekte (ausgelöst durch Sparmaßnahmen des Staates oder politische Instabilität).

- → Haushalte konsumieren weniger
- → Unternehmen investieren weniger

... Sinken der ausländische Nachfrage nach Inlandsgütern.

- → Preisniveau im Ausland sinkt
- → Außenwert der inländischen Währung steigt
- → abschwächende Konjunktur auf wichtigen Exportmärkten

Die Wirtschaft reagiert wie folgt auf die Deflation:

- → Die Konsumgüternachfrage geht wegen der Einkommensminderung zurück.
- → Die Preise für diese Güter sinken, der Geldwert steigt.
- → Kaufzurückhaltung der Haushalte (überhöhtes Sparen)

→ geringe Investitionsneigung der Unternehmen

→ Absatzrückgang

→ Der wirtschaftliche Abschwung verschärft sich, die Produktion geht zurück.

→ Arbeitslosigkeit nimmt zu. → Massenarbeitslosigkeit droht

→ Die Löhne fallen, Einkommen sinken.

→ Der Staat nimmt weniger Steuern ein.

→ Der tatsächliche Wert bestehender Schulden (Kredite) erhöht sich.

→ Notverkäufe und Flucht aus den Sachwerten erhöhen das Güterangebot.

→ Immer mehr Betriebe müssen Konkurs anmelden.

→ Die gesamte Volkswirtschaft droht zusammenzubrechen.

→ Gefahr der politischen Radikalisierung

	Folgen der Inflation	Folgen der Deflation
Besitzer von Geldvermögen (Sparer und Gläubiger)	Kaufkraftverlust	Kaufkraftgewinn
Geldschuldner	Kaufkraftgewinn	tatsächlicher Wert der Schulden erhöht sich
Besitzer von Sachvermögen	Besitzstandswahrung	Besitzstandswahrung
Staat	profitiert von seiner Schuldnerposition	Wert der Schulden steigt weniger Steuern an Staat Sozialausgaben steigen
Wirtschaftswachstum	zunächst: fördernd langfristig: hemmend	kaum Investitionen Betrieb gehen in Konkurs
Arbeitsplatzsicherheit	zunächst: Anstieg, allerdings zu Löhnen mit Kaufkraftverlust langfristig: Arbeitsplatzverluste	Arbeitslosigkeit nimmt zu
	↓	↓

sozialer Frieden wird gefährdet

Deflationen im traditionellen Sinne sind heute unwahrschein-
lich, da Regierungen erkannt haben, dass die seinerzeitigen
Maßnahmen von BRÜNING wirtschaftspolitisch falsch waren.
Mindestlöhne und -preise sichern ein drastisches Sinken des
Preisniveaus.
Man spricht heute bereits von Deflation, wenn das Handels-
volumen bei stabilen oder gar steigenden Preisen schrumpft
(ist im klassischen Sinne keine Deflation).

60.) Welche Aussage über die **Kaufkraft** ist richtig?

1	Steigen die Preise, dann nimmt die Kaufkraft zu.
2	Fallen die Preise, dann nimmt die Kaufkraft ab.
3	Die Kaufkraft drückt aus, welche Gütermenge für einen Geldbetrag gekauft werden kann.
4	Die Kaufkraft wird mit der Währungsunion in allen Ländern gleich groß.
5	Die einzelnen Länderparlamente legen die Kaufkraft fest.

3

61.) Ergänzen Sie die folgenden Aussagen um die Verben **steigen** und **sinken**!

	Inflation	Deflation
Wie äußern sich …	Die Preise **steigen**. Der Geldwert **sinkt**.	Die Preise **sinken**. Der Geldwert **steigt**.
Ursachen	Staatsausgaben **steigen**. Die Löhne **steigen**. Die Zinsen **sinken**.	Staatsausgaben **sinken**. Die Löhne **sinken**. Die Zinsen **steigen**.
Auswirkungen	Die Kaufkraft **sinkt**. Wert der Sparguthaben **sinkt**. Wert der Schulden **sinkt**.	Die Kaufkraft **steigt**. Wert der Sparguthaben **steigt**. Wert der Schulden **steigt**.

3.6   <u>Der Außenwert des Geldes</u>

- … ist gekennzeichnet durch die Gütermenge, die man mit einer Währungseinheit im Ausland erhält.

  z. B. beim Güteraustausch (Import und Export),

  z. B. beim Urlaub im Ausland,

  z. B. bei Kapitalanlagen im Ausland oder ausländischem Geld in Deutschland.

- … zeigt an, wie die Währung und damit die wirtschaftliche Lage eines Landes vom Ausland eingeschätzt wird.

Wechselkurse am 25.12.2019		
Albanien	Lek (ALL)	121,59000
Australien	Dollar (AUD)	1,60210
China	Renminbi Yuan	7,76830
Großbritannien	Pfund (GBP)	0,85558
Bulgarien	Lew (BGN)	1,95813
Dänemark	Krone (DKK)	7,47380
Island	Krone (ISK)	135,62914
Japan	Yen (JPY)	121,31750
Kanada	Dollar (CAD)	1,45929
Kroatien	Kuna (HRK)	7,45241
Mazedonien	Denar (MKD)	61,61500
Moldau	Leu (MDL)	19,15750
Norwegen	Krone (NOK)	9,88870
Polen	Zloty (PLN)	4,36980
Rumänien	Leu (RON)	4,78252
Russland	Rubel (RUB)	68,62280
Schweden	Krone (SEK)	10,44576
Schweiz	Franken (CHF)	1,08735
Serbien	Dinar (RSD)	117,48300
Tschechien	Krone (CZK)	25,51080
Ukraine	Hrywnja (UAH)	25,74670
Ungarn	Forint (HUF)	332,00050
USA	Dollar (USD)	1,10915
Weißrussland	Rubel ((BYN)	2,31790

- … wird ausgedrückt durch die Wechselkurse.

Die freien (auch: flexible) Wechselkurse bilden sich an den internationalen Devisenbörsen frei nach Angebot und

Sorten sind ausländisches Bargeld, also ausländische Münzen und Scheine.

Devisen sind unbare Zahlungsmittel wie Schecks, Wechsel und Zahlungsanweisungen in ausländischer Währung.

Nachfrage. Dieser Vorgang heißt „Floaten".
Um Risiken der freien Wechselkurse gering zu halten, wurden vor der Einführung des Euro zwischen den EU-Ländern feste (auch: fixe) Wechselkurse im Rahmen des Europäischen Währungssystems (EWS) festgelegt.

Durch wechselnde Kurse werden einzelne Währungen auf- bzw. abgewertet. Eine Aufwertung in einem Land bedeutet immer die entsprechende Abwertung in einem anderen Land und umgekehrt.

<u>Folgen einer Aufwertung des Euro für die deutsche Wirtschaft:</u>

- Ausländische Währungen (z. B. US-Dollar) werden billiger, der Euro im Ausland teurer.

- Die Exporte deutscher Unternehmen (z. B. deutsche Autos) werden teurer, weil die ausländischen Konsumenten mehr für Euro zahlen müssen.

- Die Importe nach Deutschland werden billiger. Es werden mehr Güter aus dem Ausland importiert.

- Reisen in das Nicht-Euro-Ausland werden billiger, weil die deutschen Touristen mehr ausländische Währungen für ihre Euro erhalten.

<u>Folgen einer Abwertung des Euro für die deutsche Wirtschaft:</u>

- Der Euro verliert gegenüber der ausländischen Währung an Wert. Die ausländische Währung wird teurer.

- Die Exporte deutscher Unternehmen verbilligen sich. Die ausländische Nachfrage nach deutschen Produkten steigt.

- Die Importe nach Deutschland werden teurer. Die Nachfrage nach Importgütern sinkt. Damit steigt die Inlandsnachfrage.

- Reisen in das Nicht-Euro-Ausland werden teurer, weil die deutschen Touristen weniger ausländische Währungen für ihre Euro erhalten.

<u>Witz:</u>
„Was machen denn Ihre Söhne?" – „Der Jüngste geht noch zur Schule, der Zweite ist Azubi in einer Bank, der Dritte Kassierer in einer anderen Bank und der Älteste lebt schon in Paraquay ..."

Ein Bankier ist ein Mensch, der seinen Schirm verleiht, wenn die Sonne scheint und der ihn sofort zurückhaben will, wenn es zu regnen beginnt.

Mark TWAIN (1835 – 1903), amerikanischer Schriftsteller